MW01715468

Égaux mais si différents

Allan et Barbara Pease

Égaux mais si différents

Illustrations : Gabs
Traduit de l'anglais par Daniel Roche

First Editions

Titre original :
Why men can only do one thing at a time and women never stop talking
© Allan et Barbara Pease, 2003. Tous droits réservés.

© Editions Générales First, 2003, pour l'édition française.

Le code de la Propriété intellectuelle interdit les copies ou reproductions destinées à une utilisation collective. Toute représentation ou reproduction intégrale ou partielle faite par quelque procédé que ce soit sans le consentement de l'Auteur ou de ses ayants cause est illicite et constitue une contrefaçon sanctionnée par les articles L335-2 et suivants du Code de la propriété intellectuelle.

ISBN 2-87691-746-7
Dépôt légal : 1er trimestre 2003
Imprimé en France

Conception graphique : Bleu T

Nous nous efforçons de publier des ouvrages qui correspondent à vos attentes et votre satisfaction est pour nous une priorité. Alors n'hésitez pas à nous faire part de vos commentaires. :

Editions Générales First
33, avenue de la République
75011 Paris - France
Tél : 01 40 21 46 46
Fax : 01 40 21 46 20
e-mail : firstinfo@efirst.com

En avant-première, nos prochaines parutions, des résumés de tous les ouvrages du catalogue. Dialoguez en toute liberté avec nos auteurs et nos éditeurs. Tout cela et bien plus sur Internet à :www.efirst.com

Sommaire

Introduction

Les hommes et les femmes sont différents. Ni meilleurs ni pires, simplement différents. La seule chose qu'ils partagent, ou à peu près, est leur appartenance à la même espèce. Ils vivent dans des mondes distincts, se réfèrent à des valeurs qui n'ont rien de commun et les règles qu'ils appliquent sont tout sauf semblables. Si tout le monde le sait, très peu de gens – à commencer par les hommes – sont disposés à l'admettre. Pourtant les faits sont là : dans les pays occidentaux, environ un mariage sur deux se termine par un divorce et la plupart des relations « sérieuses » capotent avant de déboucher sur un engagement véritable. Quelles que soient leur culture, leur confession religieuse ou leurs opinions sur la vie, les hommes et les femmes rencontrent dans leur quotidien mille sujets de disputes.

Un homme qui se rend aux toilettes n'y va que pour une raison et une seule. Par contre, il n'est pas rare que les femmes, quand elles vont se refaire une beauté, fassent des toilettes le dernier salon où elles causent. Deux femmes qui ne se connaissent ni d'Ève ni d'Adam peuvent devenir les meilleures amies du monde après une petite causerie aux toilettes. Un homme qui lors d'un dîner interpellerait son copain : « Hé, Michel, je vais aux toilettes, tu viens avec moi ? » éveillerait aussitôt un soupçon général.

Les hommes se sont appropriés une fois pour toutes la télécommande et surfent d'une chaîne à l'autre sans demander leur avis aux femmes qui n'ont rien contre les spots publicitaires. S'ils viennent à subir une pression trop forte, les hommes boivent de l'alcool et sont tentés d'annexer le pays voisin. Les femmes se contentent de manger du chocolat et d'aller faire des courses.

Les femmes reprochent aux hommes d'être inattentifs, silencieux, indifférents. Leurs partenaires manquent de générosité, ils ne s'engagent pas suffisamment, ils veulent « baiser » mais pas faire l'amour – et ils oublient systématiquement de rabattre la lunette des WC.

Les hommes critiquent la façon de conduire des femmes, leur manière de lire les cartes routières à l'envers, leur sens de l'orientation déficient, leurs bavardages incessants. Ils leur reprochent de ne pas prendre assez souvent l'initiative des rapports sexuels et de laisser la lunette des WC rabattue. Ces mêmes hommes qui sont incapables de ranger leurs chaussettes par paires classent religieusement leurs CD par ordre alphabétique. Les femmes retrouvent toujours le trousseau de clés égaré, mais rarement le chemin le plus court vers leur destination.

Les hommes sont convaincus d'avoir le monopole du bon sens, les femmes se savent le sexe raisonnable.

Combien d'hommes faut-il pour changer
un rouleau de papier toilette ?
Personne ne le sait, ça n'est jamais arrivé.

Les femmes n'arrivent pas à croire que leurs compagnons soient si négligents. Les hommes sont médusés que les femmes, qui n'ont même pas vu clignoter le voyant rouge du réservoir d'essence vide, soient capables de repérer un cheveu blond inconnu sur le revers de leur veston à cinq mètres. Les femmes sont sidérées que des hommes qui parviennent toujours à garer leur voiture dans un mouchoir de poche en marche arrière ne parviennent jamais à trouver leur point G.

Aujourd'hui, l'opinion communément admise sur les deux sexes veut qu'ils possèdent exactement les mêmes compétences, aptitudes et talents – alors que toutes les enquêtes scientifiques démontrent qu'ils sont complètement différents.

Où cela nous mène-t-il ? En termes de société globale, sur un terrain extrêmement mouvant : ce n'est qu'en comprenant les différences entre hommes et femmes que nous pourrons vraiment commencer à bâtir sur nos forces collectives plutôt que sur nos faiblesses individuelles. Les sciences de l'évolution humaine ont enregistré d'énormes avancées, et nous vous proposons dans ce livre une interprétation rigoureuse et circonstanciée des étranges phénomènes qui perturbent les rapports entre les sexes.

Cet ouvrage est dédié aux hommes et aux femmes qui se sont arrachés les cheveux après d'interminables discussions avec leurs partenaires en répétant, désespérés : « Mais pourquoi ne veux-tu pas comprendre ? » Les couples divorcent parce que les hommes ne comprennent toujours pas pourquoi les femmes ne réagissent pas comme eux et que les femmes ne peuvent s'empêcher d'espérer que leurs compagnons se comportent comme elles. Non seulement ce livre vous aidera à parler le même langage que le sexe « opposé », mais il vous aidera à mieux vous comprendre vous-même. Donc à mener une vie heureuse, saine et harmonieuse dans un cadre relationnel épanoui et satisfaisant.

Une même espèce...
deux univers différents

Au commencement...

Les femmes cueillaient et veillaient sur la tribu

La division des rôles était ultra-simple : l'homme rapportait le déjeuner et la femme défendait le nid. Le rôle de la femme était clair : étant celle qui porte les enfants, elle avait développé les compétences afférant à cette fonction. Elle devait donc surveiller les parages du nid et détecter d'éventuels signaux de danger, montrer un excellent sens de l'orientation dans un périmètre limité, savoir utiliser des repères pour retrouver son chemin. Elle avait aussi développé un flair très subtil qui lui permettait de déceler des changements infimes dans l'apparence et le comportement des enfants comme des adultes.

Sa valeur dépendait de l'appréciation de son compagnon sur sa « gestion » de la vie familiale, la tenue du foyer et les soins accordés aux enfants.

On n'attendait jamais d'une femme qu'elle parte à la chasse aux bêtes sauvages, qu'elle fasse la guerre aux ennemis ni qu'elle change les ampoules.

Les hommes chassaient et protégeaient leur tribu

Le boulot de l'homme était on ne peut plus évident : il rapportait la nourriture et c'était absolument tout ce qu'on attendait de lui. Il s'aventurait chaque jour dans un monde hostile et dangereux où il risquait sa vie de chasseur pour rapporter à sa compagne et à ses rejetons de quoi se nourrir. Il les défendait contre les bêtes féroces et d'éventuels ennemis. Il avait développé un sens de l'orientation « longue distance » pour pouvoir localiser les sources de nourriture et rapporter les produits de sa chasse au foyer, ainsi qu'une excellente adresse au tir qui lui permettait d'atteindre des cibles en mouvement.

Sa réussite virile était définie par son aptitude à abattre des proies et à les rapporter chez lui et son estime de soi dépendait du jugement que sa compagne portait sur ses prouesses de chasseur.

On ne lui demandait jamais d'« analyser la relation », ni de sortir les poubelles et encore moins de changer les couches des bambins.

Pourquoi les hommes sont-ils, soi-disant, incapables de retrouver quoi que ce soit…
…et sont-ils d'aussi piètres menteurs ?

Les femmes sont naturellement intuitives

Les femmes disposent d'un « radar » bien plus perfectionné que celui des hommes. En tant que mères chargées de la défense du nid, elles ont besoin d'interpréter les moindres variations d'humeur et d'attitude de leurs proches : faim, blessure, agression imminente, dépression, rien ne leur échappe. C'est ce qu'on appelle communément « l'intuition féminine ».

L'intuition féminine est une aptitude qui a toujours médusé les coureurs de jupon – qui se font prendre à tous les coups.

« Ma femme peut distinguer
un cheveu blond sur mon manteau à cinq mètres,
mais elle ne peut pas rentrer la voiture
au garage sans érafler le pare-chocs. »

Pour qu'un homme réalise que quelque chose cloche, sa compagne doit lui infliger une crise de larmes ou de colère... voire lui donner une bonne gifle

Les hommes, qui passaient leurs journées à la chasse, ne demeuraient pas assez longtemps dans la caverne pour apprendre à déchiffrer les signaux non-verbaux émis par leurs proches.

Les scanners du cerveau masculin montrent qu'au repos, ce dernier « coupe le contact » : son activité électrique diminue de 70 %. À l'inverse, les IRM du cerveau féminin prouvent que celui-ci fonctionne au repos à 90 % de son potentiel. Autrement dit, les femmes reçoivent et analysent constamment des informations en provenance de leur environnement. Une femme connaît les amis et les petit(e)s ami(e)s de ses enfants, leurs rêves, leurs espoirs, elle détecte leurs peurs secrètes, leurs humeurs et bien souvent anticipe les bêtises qu'ils préparent. Quant aux hommes, ils ont vaguement conscience de ne pas être les seuls à habiter la maison.

Grâce à leur vision périphérique supérieure, les femmes se font rarement prendre à reluquer les hommes

Les sexologues confirment que les femmes regardent tout autant et parfois plus les hommes que ceux-ci ne les observent. Disposant d'une plus grande quantité de cônes dans la rétine, elles perçoivent plus finement les couleurs et jouissent d'une vision périphérique bien meilleure que celle des hommes. C'est leur statut de protectrices du nid qui explique que tant de femmes soient dotées d'un champ de vision efficace d'environ 180 degrés, – soit un arc d'environ 45 degrés de part et d'autre de la tête ainsi qu'au-dessus et au-dessous du nez.

Les hommes ont une « vision en tunnel ». C'est pourquoi ils sont si peu discrets quand ils « matent » : ils sont obligés de tourner la tête

Les yeux d'un homme sont plus grands que ceux d'une femme et son cerveau les configure pour une vision longue distance en tunnel. L'homme a une vision claire et précise de ce qui se trouve en face de lui, proche ou lointain, mais l'angle de son champ de vision est très étroit, un peu comme celui d'une paire de jumelles.

Les femmes cachent toujours des choses aux hommes

En vérité les femmes ne cachent rien du tout, c'est seulement une impression masculine. Les hommes accusent parfois les femmes de dissimuler leurs affaires dans des tiroirs ou des placards. Chaussettes, sous-vêtements, clés de voiture, portefeuilles – toutes ces choses sont là, sous leur nez, mais ils ne les voient pas. Avec leur champ de vision périphérique plus large les femmes embrassent d'un coup d'œil tout le contenu d'un réfrigérateur ou d'une armoire sans tourner la tête. Leurs hormones (œstrogènes) les aident à identifier des objets assortis (chaussettes) dans un tiroir, une armoire ou dans une pièce et à mémoriser des schèmes aléatoires et complexes : c'est ainsi qu'elles sont capables de retrouver le beurre ou la confiture dans un réfrigérateur.

La vie d'une femme devient beaucoup moins stressante quand elle comprend la difficulté masculine de retrouver des objets même très proches.

Un homme moderne peut trouver sans effort le chemin d'un café assez éloigné, tout en restant incapable de mettre la main sur quelque chose dans un réfrigérateur ou un placard

Des enquêtes récentes montrent que le cerveau masculin cherche dans le frigo le mot beurre. S'il l'a sous les yeux mais ne cherche pas comme il faut, il peut très bien ne pas voir le paquet de beurre. C'est la raison pour laquelle les hommes tournent la tête de gauche à droite et de haut en bas : ils scannent le frigo ou l'armoire à la recherche du ou des objets manquants. La vision masculine est configurée pour les longues distances, c'est pourquoi ils « manquent » invariablement ce qu'ils ont sous les yeux, clés, chaussettes, etc.

Quand une femme dit à un homme : « Il est dans l'armoire ! », il peut continuer à chercher en étant soulagé d'une bonne part de son stress.

Les femmes sont bien meilleures pour les bobards

Les études montrent que dans les échanges en face-à-face, les signaux non-verbaux, entrent pour 60 à 80 % dans l'impact du message, et les sons pour seulement 20 à 30 %. Les mots proprement dits n'en représentent que 7 à 10 % !

L'équipement sensoriel supérieur des femmes trie et analyse ces informations et leur cerveau les transfère rapidement d'un hémisphère à l'autre, ce qui leur donne une supériorité absolue dans le traitement et le décryptage des signaux verbaux, visuels et autres.

En clair : elles détectent un menteur à cent mètres.

C'est la raison pour laquelle les hommes ont tant de mal à tromper les femmes en face-à-face.

Les hommes ont intérêt à se cacher pour mentir

Comme la plupart des femmes le savent, mentir à un homme en face-à-face est relativement facile, parce qu'il lui manque l'intuition nécessaire pour repérer d'éventuelles incohérences entre signaux verbaux et non-verbaux.

La plupart des hommes, s'ils ont décidé de mentir à une femme, feraient bien mieux de le faire au téléphone, par lettre ou bien toutes lumières éteintes et avec une couverture sur la tête.

Les femmes peuvent détecter les émotions au ton de la voix

Les femmes distinguent mieux les changements du volume et de la hauteur de la voix. Cette aptitude leur permet de repérer les moindres variations de l'humeur chez les adultes et les enfants. Une sensibilité qui explique l'expression typiquement féminine : « Ne me parle pas sur ce ton ! » lors des disputes avec des hommes ou des enfants de sexe masculin. La plupart des hommes n'ont évidemment pas la moindre idée de ce dont elles parlent. Cette acuité d'écoute supérieure est un élément décisif de ce qu'on appelle « intuition féminine » et c'est l'une des raisons pour lesquelles les femmes excellent à déceler les arrière-pensées.

La surdité, affection typiquement masculine ?

Mais les hommes ne doivent pas désespérer pour autant : ils excellent dans l'identification et l'imitation des cris d'animaux, sans doute un avantage significatif pour les chasseurs d'autrefois.

Malheureusement, ce talent est beaucoup moins utile de nos jours.

Les adultes reprochent souvent aux enfants de ne pas « écouter ». Mais à mesure que les garçons grandissent, et notamment au moment de la puberté, le développement même de leur système auditif peut altérer provisoirement la finesse de leur ouïe. Les garçons sont mieux équipés pour voir que pour entendre. On a aussi découvert que les femmes professeurs ne réprimandent pas les filles de la même façon que les garçons et semblent comprendre intuitivement les différences entre audition féminine et masculine. Ainsi elles continueront de sermonner leurs élèves filles même si le contact oculaire est coupé. Si un garçon refuse le contact oculaire, beaucoup de professeurs de sexe féminin comprennent que celui-ci n'entend ou n'écoute sans doute pas et commencent par solliciter un contact oculaire : « Regarde-moi quand je te parle. »

32

Dans une pièce où sont rassemblés une cinquantaine de couples, il faut à une femme moins de dix minutes en moyenne pour analyser les relations de chaque couple présent.
Elle a tôt fait de percer à jour les sentiments et l'état d'esprit de chacun.

Ce n'est pas que les hommes sont insensibles aux petits détails, mais leur cerveau n'est pas organisé pour trier les signaux non-verbaux grâce auxquels les femmes détectent les « petits riens » et autres modifications imperceptibles de l'expression d'autrui.

Les hommes ne voient pas les détails

Sylvie et Christophe rentrent d'une soirée. Il conduit, elle lui indique le chemin à suivre. Ils viennent de se disputer parce qu'elle lui a dit de tourner à gauche alors qu'elle voulait dire à droite. Après dix minutes d'un silence pesant, il commence à comprendre que Sylvie lui en veut pour de bon.

« Chérie, est-ce que ça va ? demande-t-il gentiment.

– Ça va très bien ! répond-elle sur un ton qui signifie clairement à Christophe que, justement, ça ne va pas.

– J'ai fait quelque chose qui ne t'a pas plus ? demande Christophe.

– Je ne veux pas en parler ! rétorque-t-elle sèchement.

Traduire : je suis en colère et je veux en parler.

Christophe cherche vainement ce qu'il a pu faire pour contrarier autant Sylvie. Sans succès.

– Je t'en prie, explique-moi, qu'ai-je fait ? Je ne vois vraiment pas ! »

Dans la plupart des conversations de ce genre, l'homme dit la vérité : il ne voit tout simplement pas où est le problème.

« Très bien, je vais te dire où est le problème, comme si tu ne voyais pas où il est ! » fait-elle en levant les yeux au ciel.

Mais elle se trompe : sincèrement, il ne voit pas de quoi elle parle.

Elle inspire profondément.

« La blonde pulpeuse au décolleté plongeant qui t'a fait du plat toute la soirée, tu l'as déjà oubliée ? »

Et là, Christophe est abasourdi.

– Quelle blonde pulpeuse ? Comment ça « du plat » ?

Il ne s'est aperçu de rien. Il n'a pas remarqué qu'elle projetait sa poitrine en avant, qu'elle se tortillait les cheveux, qu'elle lui jetait des regards très appuyés, qu'elle caressait de l'index le bord de son verre de vin, bref qu'elle minaudait comme une collégienne. Lui est un chasseur. Il ne possède pas l'aptitude féminine à trier les signaux visuels, vocaux et corporels qui avertissent les représentantes du beau sexe qu'une congénère amorce une opération de séduction.

Toutes les femmes présentes ont compris ce que tramait la « garce » sans même avoir besoin de tourner la tête. Et une « alerte minette en chaleur » télépathique a été reçue par toutes les femmes de la soirée. La plupart des hommes n'y ont vu que du feu.

Donc, un homme mis en accusation vous explique qu'il dit la vérité, c'est sans doute vrai. Le cerveau masculin n'est pas équipé pour entendre ou voir les détails.

Question de cervelle...

Hémisphère gauche
Côté droit du corps

Mathématique

Verbal

Logique

S'attache au faits

Déductif

Analytique

Pratique

Ordonné/ Méthodique

Retient les paroles d'une chanson

Linéaire

A le sens du détail

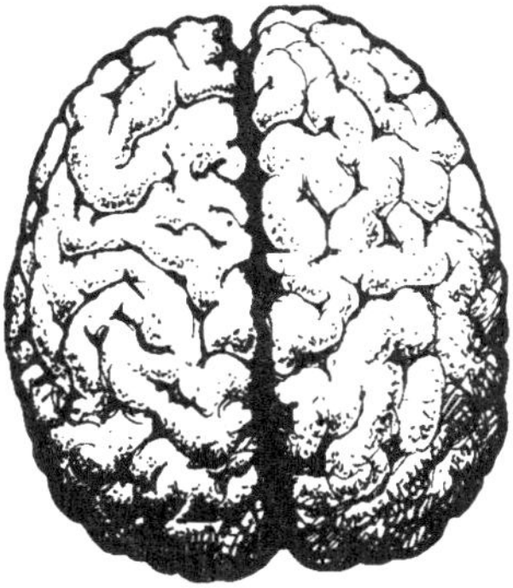

Hémisphère droit
Côté gauche du corps

Créatif

Artistique

Visuel

Intuitif

Innovant

Imaginatif

Holistique

A une vision d'ensemble

Retient l'air d'une chanson

Spatial

Multi-tâche

Le cerveau féminin

Les connections qui relient les lobes droit et gauche du cerveau féminin sont plus épaisses (10 %) que celles du cerveau masculin et nettement plus nombreuses (d'environ 30 %). C'est pourquoi les femmes peuvent marcher, parler et s'appliquer du rouge à lèvres, tout cela en même temps.

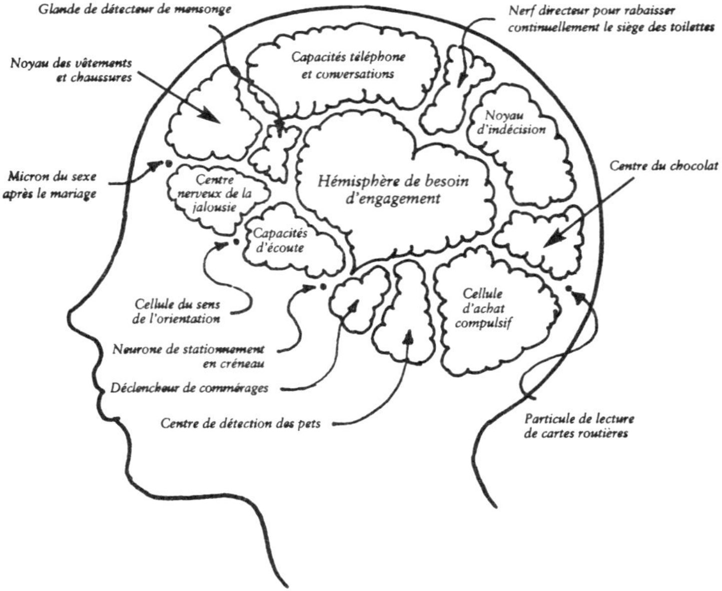

Le cerveau masculin

Le cerveau masculin est compartimenté. C'est la raison pour laquelle les hommes ne peuvent se concentrer que sur une chose à la fois.

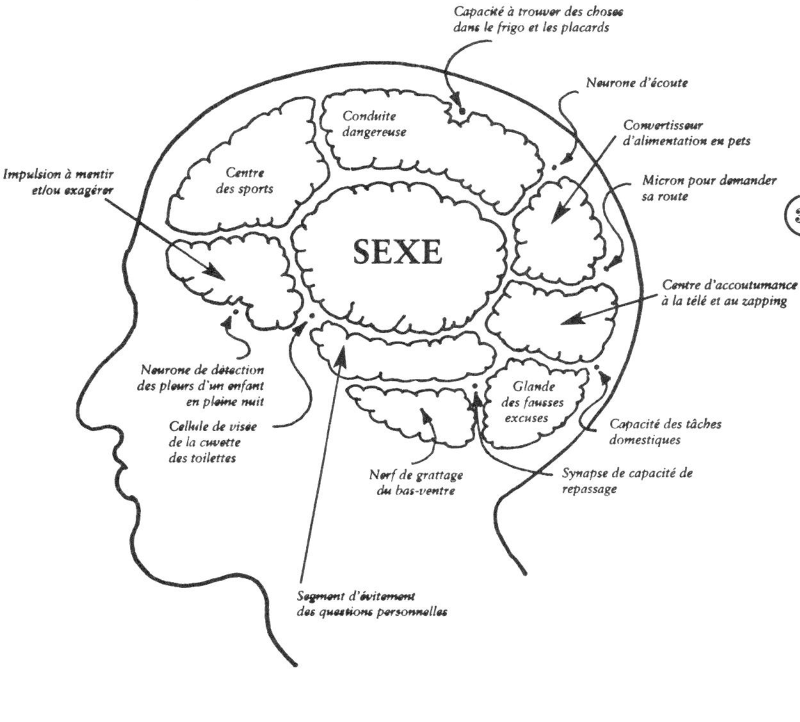

Les femmes sont naturellement multi-tâches

Une femme peut accomplir plusieurs actions distinctes simultanément et son cerveau ne reste jamais inoccupé. Elle peut parler au téléphone tout en cuisinant une nouvelle recette et en regardant la télévision. Elle peut conduire une voiture, se maquiller et écouter la radio tout en parlant avec un téléphone mains libres.

Comme les femmes utilisent leurs deux hémisphères, beaucoup éprouvent des difficultés à distinguer leur main gauche de la droite. Résultat : les femmes du monde entier se voient reprocher par leurs compagnons de confondre droite et gauche et de les induire perpétuellement en erreur.

Une chose à la fois !

Si vous parlez à votre mari au moment où il prépare le dîner, il risque de se fâcher parce qu'il est incapable de suivre une recette et de vous parler en même temps.

Si un homme se rase pendant que vous lui parlez, il risque de se couper. Si on sonne à la porte alors qu'il est en train d'enfoncer un clou, le prochain coup de marteau sera pour son pouce. Si vous lui parlez pendant qu'il conduit, il manquera le panneau. Pensez-y, quand vous cherchez à vous venger.

Quel prix pour ce cerveau ?

Un patient avait besoin de se faire transplanter un nouveau cerveau. Son médecin traitant annonça à la famille :

« Les cerveaux sont très onéreux et vous devrez assumer cette charge financière vous-mêmes.

– Et quel est le prix d'un cerveau ? demandèrent les proches du pauvre homme.

– 500 000 euros le cerveau masculin et 200 000 le cerveau féminin », répondit le docteur.

Certains des hommes qui assistaient à cet échange mimèrent l'indignation mais tous acquiescèrent parce qu'ils croyaient comprendre. La fille du patient, insatisfaite de cette réponse, interrogea :

« Qu'est-ce qui explique cette différence de prix entre les cerveaux masculin et féminin ?

– C'est une pratique commerciale courante, répondit le médecin. Les cerveaux féminins sont toujours moins chers parce qu'ils sont usagés.

Demandez aux hommes et aux femmes
si leurs cerveaux fonctionnent différemment.
Les hommes répondront :
« Oui, d'ailleurs j'ai lu quelque chose à ce sujet
sur Internet l'autre jour. . . »
Les femmes diront :
« Bien sûr — question suivante ? »

Parler et écouter : l'art de la communication

« Une fois, je n'ai pas parlé à ma femme
pendant six mois, explique son mari,
je ne voulais pas l'interrompre ! »

Le cauchemar de chaque homme...

Barbara et Allan (les auteurs) se préparent à assister à un cocktail. Barbara s'est achetée une nouvelle robe et elle s'interroge. Tenant à la main deux paires d'escarpins, des bleus et des dorés, elle pose à Allan la question que tous les hommes redoutent :

– Chéri, lesquelles devrais-je porter avec cette robe ?

Allan frissonne. La question est de mauvais augure, il le sait.

– Euh, hummm... celles que tu préfères, chérie, marmonne-t-il.

– Allan, je t'en prie, lesquelles sont les plus chic, les bleues ou les dorées ?

– Les dorées ! réplique Allan nerveusement.

– Qu'est-ce que tu leur reproches, aux bleues ? reprend-elle. Tu ne les a jamais aimées ! Je les ai payées une fortune et tu les détestes, c'est ça ?

Les épaules d'Allan s'affaissent.

– Si tu ne veux pas de mon opinion, Barbara, ne me la demande pas ! répond-il.

Il croit qu'on lui a demandé de résoudre un problème, mais il a beau s'exécuter, son épouse ne se montre guère reconnaissante. Barbara vient d'utiliser un mode de discours typiquement féminin : le discours indirect. Elle a déjà décidé quelles chaussures elle allait porter et ne se soucie guère de l'opinion de son cher et tendre. Elle veut juste l'entendre dire qu'elle est belle, élégante.

Dans ce chapitre, nous examinons quelques problèmes de communication entre hommes et femmes et proposons des solutions inédites à ces problèmes.

La stratégie des « chaussures bleues ou chaussures dorées »

Si votre femme demande « bleues ou dorées ? » en choisissant des chaussures, gardez-vous bien de lui répondre du tac au tac. Demandez-lui plutôt : « Est-ce que tu as déjà fait ton choix, chérie ? »

La plupart des femmes sont désarçonnées par cette approche parce que la plupart des hommes qu'elles connaissent expriment aussitôt une préférence. « Euh, j'avais plutôt en tête les dorées », répondra-t-elle hésitante.

En réalité elle a déjà décidé de les porter. « Pourquoi les dorées ? », demandez-vous alors. « Parce que je porte des accessoires dorés et qu'il y a un motif doré sur ma robe, répond-elle à son tour.

Faites preuve d'astuce, félicitez-la : « Bravo ma chérie, c'est le choix idéal, tu es divine dans cette tenue ! Quelle classe, je t'adore comme ça ! » Vous pouvez être sûr qu'elle va passer une excellente soirée.

C'est bon de parler

La conversation est un domaine dans lequel excellent les femmes. Elles adorent parler – et elles parlent beaucoup. Des aires spécifiques de leur cerveau sont dédiées au contrôle de la parole, laissant d'autres zones disponibles pour d'autres fonctions.

Une femme peut accomplir une foule de tâches tandis qu'elle parle. C'est cette aptitude qui explique que les filles apprennent les langues étrangères beaucoup plus vite que les garçons et qu'elles sont meilleures en grammaire, ponctuation et pour épeler les mots. Les filles ont aussi une écriture plus lisible que celle des garçons.

De retour d'une soirée, une adolescente présentera un compte-rendu détaillé de tout ce qui s'est passé – propos échangés, état d'esprit de chacun, tenues des invités. Un adolescent à qui on demandera de décrire la même soirée se contentera souvent de répondre : « C'était super. »

Je ne veux pas parler, je ne parlerai pas

Pour les hommes, parole et langage ne sont pas des fonctions cérébrales aussi importantes. Ces fonctions relèvent principalement de l'hémisphère gauche, sans que des zones spécifiques leurs soient assignées. Les IRM montrent que, lorsqu'un homme est en train de parler, son hémisphère gauche tout entier entre en ébullition pour chercher un centre de la parole mais il en est pratiquement incapable. C'est la raison pour laquelle les hommes sont médiocres dans l'art de l'expression verbale.

Leurs aptitudes à l'oral inférieures font que les jeunes garçons s'en sortent moins bien que les filles à l'école. C'est ce qui explique leurs mauvais résultats en langues étrangères, en français et dessin. Ils se sentent stupides en face des filles qui s'expriment mieux qu'eux, ce qui les rend nerveux et susceptibles.

Le jour de la Saint-Valentin, les fleuristes suggèrent aux hommes de le « dire avec des fleurs » parce qu'ils savent que ces derniers ont du mal à le dire avec des mots. Acheter une carte n'est pas un problème pour un homme ; le problème, c'est ce qu'il va bien pouvoir écrire sur cette fichue carte…

Déballer ou remballer ?

À la fin d'une journée stressante, le cerveau mono-tâche d'un homme peut fourrer tous ses problèmes dans un tiroir et les oublier jusqu'au lendemain. Celui de sa femme est incapable de remballer les informations qui s'y bousculent pour lui permettre de penser à autre chose.

La seule façon pour une femme de se débarrasser de ses soucis est d'en parler, de les confier. Aussi, lorsque votre compagne vous fait le récit de ses petits et grands tracas à la fin de la journée, il s'agit pour elle de s'en soulager et non pas de trouver des conclusions ou des solutions.

Stockage en chambre froide

Le cerveau masculin, extrêmement compartimenté, a la capacité de trier et de stocker informations et problèmes.

L'homme peut oublier ses soucis jusqu'au lendemain. Une femme qui, à la fin d'une journée, confie les siens ne veut pas qu'on l'interrompe pour lui proposer des solutions. Elle n'attend pas de son compagnon qu'il lui réponde mais seulement qu'il l'écoute et la soutienne.

Elles parlent tout le temps

Une femme parle pour montrer qu'elle est concernée et tisser des liens. Si une femme vous parle beaucoup, c'est qu'elle vous apprécie. Si elle ne vous parle pas, vous avez du souci à vous faire.

Pour une femme, la parole ne sert pas à résoudre des problèmes, elle est surtout le moyen de se faire des amis et d'entretenir de bonnes relations avec les autres.

Une femme peut passer deux semaines de vacances avec une amie et, une fois rentrée à la maison, décrocher son téléphone pour lui parler encore deux heures.

À l'Ouest, rien de nouveau

Pour les hommes, se taire est tout naturel.

Pour eux, parler sert à relier les faits entre eux. Le téléphone est un instrument de communication qui sert à échanger des faits et des informations, alors que pour les femmes il sert à tisser des liens affectifs.

La phrase que tous les hommes détestent entendre : « Il faut que nous parlions de notre relation. » Même Superman s'enfuit à toute vitesse en entendant ces huit mots.

La punition par le silence

Si une femme veut se venger, elle cesse de vous adresser la parole. C'est la punition par le silence. Quand elle brandit la menace : « Je ne te parlerai plus jamais ! », prenez-la au sérieux.

Enfin, la paix !

Quand un homme se voit infliger la punition par le silence, il lui faut environ neuf minutes pour comprendre qu'on le punit. Dans les huit minutes cinquante neuf secondes qui précèdent, il interprète le mutisme de sa compagne comme une sorte de récompense – il est ravi qu'on lui « fiche la paix ».

Comment parlent les femmes

Avec ses zones cérébrales spécifiques dédiées à la parole et ses échanges d'informations à haut débit entre hémisphères droit et gauche, le cerveau féminin peut parler de plusieurs sujets en même temps, parfois dans une seule phrase. Un peu comme si les femmes jonglaient avec trois ou quatre balles à la fois, ce que la plupart d'entre elles semblent faire sans effort. Mieux : les femmes savent très bien jongler à plusieurs avec ces balles sans qu'aucune d'elles en laisse échapper une seule.

Cette vocation multi-tâches est frustrante pour les hommes, dont le cerveau mono-tâche ne peut traiter qu'un problème à la fois. Voir leur femme s'adonner simultanément à plusieurs occupations les laisse souvent ébahis et désorientés.

Comment parlent les hommes

Les phrases des hommes sont plus courtes et bien mieux structurées que celles des femmes. L'introduction est limpide, le propos clairement exposé, et la conclusion synthétique. Il est aisé de suivre ce qu'ils essaient de dire ou de saisir ce qu'ils veulent. Si vous abordez plusieurs sujets à la fois avec un homme, il est perdu. Une femme doit absolument comprendre que si elle veut se montrer convaincante avec un homme, elle ne doit présenter qu'une seule idée à la fois et la présenter très clairement.

Priorité à l'affect

Chez les femmes, les zones réservées au vocabulaire se trouvent à l'avant et à l'arrière des deux hémisphères cérébraux et cette compétence n'est pas très développée. C'est pourquoi la définition et le sens des mots n'est pas important pour une femme : elle se fie à l'intonation pour le sens et au langage corporel pour le contenu émotionnel.

Priorité au sens

Les hommes se servent du langage pour damer le pion aux femmes et à leurs semblables, et la définition est une manœuvre tactique décisive dans ce match. Si un homme essaie par exemple de marquer un point en dénonçant vigoureusement un rival de la manière suivante : « ... il a tardé à entrer dans le vif du sujet et j'ai l'impression que personne n'a pigé son argumentation », un interlocuteur sera tenté de souligner l'ambiguïté de « piger » en demandant : « Pourquoi ? Il n'a pas articulé ? », pour retourner la critique contre celui qui la profère et ainsi le supplanter.

Question de définition

Le vocabulaire n'est pas un point névralgique dans le cerveau féminin, et, pour de nombreuses femmes, définir précisément un mot n'est pas un acte pertinent. Elles ont donc tendance à prendre des libertés avec les règles grammaticales ou à exagérer par simple recherche de l'effet. L'homme, lui, a tendance à interpréter tout ce que dit sa femme comme si ses mots exprimaient fidèlement sa pensée et il réplique en conséquence.

Dans une dispute, un homme définit les mots qu'utilise sa femme pour essayer de lui clouer le bec. Voici un dialogue type. Vous rappelle-t-il des souvenirs personnels ?

Joëlle – Tu n'es jamais d'accord avec ce que je dis.

François – Comment ça jamais ? J'ai accepté tes deux derniers arguments, oui ou non ?

Joëlle – Tu n'es jamais d'accord avec moi et tu veux toujours avoir raison !

François – Faux ! Je suis souvent d'accord avec toi. J'étais d'accord avec toi dans notre discussion de samedi dernier et aussi dans celle de ce matin. Tu n'as donc pas le droit de dire que je ne suis jamais d'accord !

Joëlle – Tu me ressors toujours la même réponse !

François – Faux ! Ce n'est pas toujours la même !

Joëlle – Et tu ne me touches que quand tu veux faire l'amour !

François – Arrête d'exagérer ! Ce n'est pas seulement...

Joëlle continue d'argumenter en le combattant avec ses émotions. Lui rétorque en définissant des termes. La dispute grossit jusqu'au moment où Joëlle refuse de dire un mot de plus à moins que ce ne soit François qui quitte la pièce.

Pour qu'une telle discussion soit productive, l'homme doit comprendre que les mots dont la femme se sert ne reflètent pas exactement sa pensée. Il ne faut donc pas les prendre au pied de la lettre ni essayer de les définir.

Prenons le cas d'une femme qui déclare : « Si je me retrouve assise à côté d'une femme qui porte la même robe que moi, j'en mourrais, il n'y a rien de pire ! » Elle ne pense pas sérieusement qu'elle va en mourir et qu'il n'y a rien de pire, mais un homme un peu pointilleux lui répondra volontiers : « Mais non, tu n'en mourras pas et il y a des choses bien pires que ça ! », répartie qui semblera persifleuse à sa partenaire. À l'inverse, si une femme veut l'emporter dans une discussion avec un homme, elle doit argumenter logiquement avec lui. Et s'astreindre à n'avancer qu'une idée à la fois. Une femme ne doit strictement pas aborder plusieurs sujets en même temps dans une dispute, faute de quoi elle n'atteindra jamais son but.

Comment les femmes écoutent

Dans un dialogue avec une interlocutrice, une femme utilise en moyenne une demi-douzaine d'expressions par séquence de dix secondes pour renvoyer les émotions de celle qui parle : son visage les reflète comme un miroir. Au point que l'observateur de ce dialogue aura presque l'impression que les événements racontés par l'une des femmes arrivent aux deux.

Voici pour une séquence type de dix secondes l'éventail des mimiques d'une femme qui écoute :

Tristesse *Surprise* *Colère* *Joie* *Peur* *Désir*

Les femmes décryptent le contenu du message en se basant sur l'intonation de la voix et le langage corporel de l'interlocuteur. Pour capter l'attention d'une femme et la contraindre à écouter, un homme doit avoir recours à cet éventail d'expressions. Ces mimiques s'avèrent toujours très rentables pour ceux qui savent les utiliser, même si la plupart des hommes répugnent à le faire.

Comment les hommes écoutent

L'objectif biologique du guerrier, quand il écoute, est de rester impassible pour ne pas trahir ses émotions.

Voici la même gamme d'expressions faciales utilisées par un homme au cours d'une période de dix secondes d'écoute.

Tristesse *Surprise* *Colère* *Joie* *Peur* *Désir*

Ce masque inexpressif qu'adoptent les hommes quand ils écoutent leur donne l'impression de contrôler la situation. Il ne signifie nullement que les hommes sont parfaitement insensibles. Les images IRM du cerveau montrent que les hommes éprouvent des émotions aussi violentes que celles des femmes mais qu'ils évitent de les montrer.

Pourquoi cette femme a-t-elle
traversé la route ?
Qui sait ?
Qui a jamais compris leurs raisons d'agir ?

La conscience spatiale, l'art de lire les cartes routières et de réussir son créneau

Comment la manière de lire une carte peut conduire au divorce

Ce soir, Marc et Sandrine vont au théâtre. Comme d'habitude, c'est Marc qui conduit. Sandrine ne lui a jamais demandé pourquoi, c'est lui qui conduit, un point c'est tout. Et, comme la plupart des hommes, au volant il change de personnalité.

Marc demande à Sandrine de vérifier l'adresse du théâtre sur le plan de la ville. Elle l'ouvre à la bonne page et tourne le plan à l'envers. Elle le remet à l'endroit, le retourne de nouveau à l'envers puis le scrute en silence. Elle sait ce qu'est un plan mais quand il s'agit de s'en servir pour indiquer une direction, elle est étrangement désarmée. Elle a l'impression de se retrouver en cours de géographie au collège. Tous ces schémas bleus et verts ne ressemblent guère au monde réel dans lequel elle vit. S'ils font route vers le nord, elle parvient à utiliser la carte, mais s'ils se dirigent vers le sud lire une carte peut virer au désastre ; et ce soir-là, ils se dirigent vers le sud. Elle retourne le plan encore une fois. Après plusieurs secondes de silence, Marc s'exclame :

« Arrête de retourner la carte dans tous les sens !

– Mais j'ai besoin de la tourner dans la direction où nous allons, explique Sandrine d'un ton plaintif.

– Mais tu ne peux pas la lire si tu la retournes ! jette Marc excédé.

– Écoute Marc, c'est pourtant évident de lire un plan en le tournant dans la direction où nous devons aller. De cette façon je peux comparer les noms des panneaux avec ceux du plan ! rétorque-t-elle indignée.

– Mais ma pauvre chérie si on était censé lire le plan en le retournant, ils auraient imprimé les caractères à l'envers, d'accord ? Arrête de pinailler et dis-moi où je dois aller !

– Puisque c'est comme ça tu n'as qu'à chercher toi-même ! », réplique Sandrine furieuse en lui jetant le plan de la ville sur les genoux.

Cette dispute vous semble familière ? C'est un grand classique, depuis des milliers d'années, entre hommes et femmes de toutes races et cultures. Au XIe siècle, c'est dans la mauvaise rue de Coventry que Lady Godiva galopait toute nue. Juliette s'est perdue en rentrant chez elle après un rendez-vous amoureux avec Roméo. Cléopâtre a menacé de châtrer Marc-Antoine quand celui-ci a essayé de lui faire comprendre ses plans de bataille et les Méchantes Sorcières de l'Ouest s'égaraient souvent au sud, au nord ou à l'est.

Le défi spatial

La plupart des femmes ont des compétences spatiales limitées.

La compétence spatiale est l'aptitude à se représenter les formes, les dimensions, les coordonnées géométriques des objets, leurs mouvements, leurs positions géographiques. Elle implique aussi la capacité d'imaginer un objet en rotation dans l'espace, de suivre une trajectoire pour contourner un obstacle et de voir les choses en trois dimensions.

Lire une carte et comprendre où vous êtes supposent une certaine compétence spatiale. Quand une femme cherche son chemin, ses deux hémisphères cérébraux sont mis à contribution, mais il n'existe pas, comme dans le cerveau masculin, de zone spécifique dédiée à cette fonction. On ne compte qu'environ 10 % de femmes qui soient dotées d'aptitudes spatiales aussi élaborées que celles des hommes les plus doués à cet égard.

Pour ce qui est de voir en deux dimensions, les filles s'en sortent très bien.

Le champion de la spatialité

La compétence spatiale est l'une des aptitudes les plus développées chez l'homme.

Les scanners du cerveau montrent que chez les hommes et les enfants de sexe masculin, la compétence spatiale est située pour l'essentiel dans le cerveau droit. Elle s'est développée depuis des temps immémoriaux pour permettre aux hommes, c'est-à-dire aux chasseurs, de calculer la vitesse et le mouvement d'une proie, ainsi que la distance qui les sépare d'elle, et en déduire la vitesse à laquelle ils doivent courir, ou la force qu'ils doivent imprimer à la lance qu'ils projettent vers elle, pour l'atteindre.

L'aptitude des garçons à voir en trois dimensions dépasse de loin celle des filles.

Le chemin le plus long pour rentrer à la maison

La compétence spatiale des femmes est limitée parce que personne n'a jamais exigé d'elles qu'elles chassent ou soient capables de retrouver le chemin de la caverne. C'est pour cette raison que beaucoup de femmes éprouvent des difficultés à lire une carte ou un plan de ville.

Les femmes sont dépourvues de compétences spatiales parce qu'elles n'ont jamais grand-chose à chasser à part les hommes.

La plupart des femmes n'apprécient pas les activités spatiales. Et elles évitent en général les carrières et les loisirs qui supposent une excellente compétence spatiale.

Droit sur la cible

L'homme moderne n'a plus à courir après son repas.

Aujourd'hui, il se sert de ses compétences spatiales pour jouer au golf, au football, aux jeux vidéo et à tous les sports où l'on vise quelque chose, ou dans lesquels il faut courir après quelque chose.

Quand un travail exige essentiellement des capacités spatiales et un raisonnement mathématique, le profil masculin l'emporte de très loin : 90 % des ingénieurs et 98 % des pilotes d'avions sont des hommes.

Perdue

Environ 90 % des femmes ont des compétences spatiales limitées comparées à la moyenne des hommes. C'est pourquoi elles ont tant de mal à programmer des magnétoscopes.

Rendez-vous dans n'importe quelle ville du monde et regardez les touristes femmes : debout aux coins des rues elles tournent leur plan dans tous les sens, l'air égaré. Rendez-vous sur un parking de plusieurs étages devant un centre commercial et regardez les clientes du supermarché errer tristement en essayant de retrouver leur voiture.

Ne donnez jamais de directives abstraites à une femme : « Dirige-toi vers le sud », ou « Roule vers l'ouest pendant cinq kilomètres » sont à proscrire. Indiquez-lui plutôt des points de repères concrets : « Roule jusqu'au Mac Do et prends la direction du rond-point où se trouve la grande cascade. »

La plupart des hommes sont toujours capables de pointer la direction du nord même s'ils n'ont pas la moindre idée de l'endroit où ils se trouvent.

Pas perdu

Sa compétence spatiale permet à un homme de retourner la carte dans sa tête et de savoir quelle direction prendre. S'il doit réemprunter la même direction par la suite, il n'aura plus besoin de la carte parce que l'aire spatiale de son cerveau aura enregistré l'information. La plupart des hommes peuvent lire une carte face au nord et savoir qu'ils doivent se diriger vers le sud. La plupart des hommes, si on les enferme dans une pièce inconnue sans fenêtre sont capables de pointer la direction du nord. Le chasseur doit être capable de retrouver son chemin, sans quoi il a peu de chances de survivre.

Comment éviter une dispute

Les hommes adorent prendre les virages à vive allure parce qu'ils sollicitent leurs compétences spatiales – calcul des trajectoires, des angles, des distances, synchronisation débrayage-freinage, modulation de la vitesse. Mais il vaut mieux que la radio soit éteinte.

Le conducteur masculin d'aujourd'hui s'installe au volant, tend une carte à sa compagne et lui demande de faire office de navigatrice. Douée d'une compétence spatiale limitée, cette dernière s'absorbe en silence dans la lecture d'une carte à laquelle elle ne comprend rien, la tourne, la retourne et se sent incompétente. Puis elle fixe la route devant elle et essaie d'identifier quelque chose qui ressemble aux symboles et schémas de la carte. La plupart des hommes ne comprennent pas que si l'on est dépourvu d'aires cérébrales dédiées à la rotation mentale de la carte, il faut bien la retourner manuellement. Rien de plus logique pour une femme que de lire la carte dans la direction que suit la voiture.

Ses compétences spatiales étant divisées entre ses deux hémisphères cérébraux, la femme éprouve quelques difficultés à parler en lisant une carte, donc si vous donnez à votre compagne un plan de la ville où vous circulez, elle cessera de parler avant de le retourner. Donnez-le à un homme et il continuera de parler, mais il éteindra la radio, parce qu'il ne peut écouter tout en lisant une carte. C'est aussi la raison pour laquelle il demande à tout le monde de se taire quand il décroche le téléphone.

Pensées, attitudes, émotions et autres zones à hauts risques

Pourquoi les hommes ne peuvent-ils pas tout simplement admettre qu'ils ne savent pas ?

Pascal et Anne vont dîner chez des amis dans un quartier qu'ils ne connaissent pas. Ils auraient dû mettre vingt minutes pour trouver la maison de leurs amis, or ils roulent déjà depuis cinquante minutes et ils errent toujours. Pascal tire une tête d'un pied de long et Anne en passant pour la troisième fois devant le même garage ne peut réprimer un soupir accablé.

Anne – Chéri, je crois que nous aurions dû tourner juste après le garage. Arrêtons-nous et demandons le chemin.

Pascal – Pas de problème, je sais que c'est quelque part par ici…

Anne – Mais nous avons déjà une demi-heure de retard et ils nous attendent pour commencer à dîner. Arrête-toi et demande ton chemin à quelqu'un !

Pascal – Écoute, je sais ce que je fais ! Si tu as une meilleure idée, tu n'as qu'à conduire !

Anne – Non, je ne veux pas conduire, mais je ne veux pas passer la soirée à tourner en rond !

Pascal – Bon, eh bien, si tu le prends sur ce ton, je peux aussi bien faire demi-tour et rentrer à la maison !

La plupart des hommes et des femmes auront reconnu cette conversation. Les femmes ont quelque peine à comprendre pourquoi leur merveilleux compagnon se transforme, juste parce qu'il est perdu, en Mad Max sous stéroïdes. Quand elles s'égarent, elles demandent leur chemin, où est le problème ? Pourquoi les hommes ne peuvent-ils pas tout simplement admettre qu'ils ne savent pas ?

Pourquoi Moïse a-t-il passé quarante ans à errer dans le désert ?

Il a refusé de demander son chemin.

Les femmes ne rechignent pas à reconnaître leurs erreurs, parce que dans leur monde, cette attitude est considérée comme une façon de se lier et de montrer sa confiance. Les hommes, quant à eux, détestent avouer qu'ils se sont trompés.

Hommes et femmes perçoivent le même monde à travers des yeux différents. Les hommes ont un point de vue spatial sur les choses, les objets et leurs relations, comme s'ils s'efforçaient d'assembler les pièces d'un puzzle. Les femmes ont une vision plus globale et si elles distinguent les détails, elles s'intéressent plus aux pièces du puzzle et aux rapports qu'elles entretiennent avec leurs voisines qu'à leur position spatiale.

L'homme se préoccupe de résultats, de buts à atteindre, de statut social, de pouvoir, de position dans la compétition. La femme s'intéresse à la communication, à la coopération, à l'harmonie, à l'amour, au partage, bref à sa relation aux autres. Le contraste est si grand qu'on comprend à peine qu'hommes et femmes puissent imaginer une seconde vivre ensemble.

De quoi parlent les femmes

Qui aime qui, qui est en colère contre qui, voilà ce dont parlent les femmes. Elles forment de petits groupes et les petits secrets qu'elles partagent constituent une forme de lien. Adolescentes, les jeunes filles parlent des garçons, de leur poids, de vêtements et de leurs amies. Adultes, les femmes parlent de régime, relations personnelles, mariage, enfants, amants, célébrités, mode, attitudes des autres, relations de travail, et tout ce qui concerne les êtres et les problèmes personnels.

En ce qui concerne le sexe, les femmes ne s'embarrassent pas de scrupules inutiles : elles parlent librement technique, stratégie, durée et taille. Et leurs descriptions sont pittoresques.

La durée moyenne d'un coup de fil féminin est d'au moins un quart d'heure.

De quoi parlent les hommes

Les jeunes garçons parlent activités et engins – qui fait quoi, qui excelle dans quelle activité et comment fonctionnent les choses. Adolescents, ils discutent de sport, mécanique et de savoir « comment ça marche ». Adultes, leurs sujets sont le sport, leur dernier job, les nouvelles, ce qu'ils ont fait, les endroits où ils sont allés, la technologie, les voitures et gadgets mécaniques.

Les hommes parlent rarement de détails sexuels intimes car ils ont peur des comparaisons.

La durée moyenne d'un coup de fil masculin est de moins de cinq minutes.

Le français tel que le parle une femme

Oui	= Non
Non	= Oui
Peut-être	= Non
Je suis désolée	= Tu vas le regretter
Nous avons besoin de	= Je veux
C'est toi qui décides	= Il n'y a qu'une option et elle est évidente
Comme tu voudras	= Tu me le paieras plus tard
Il faut que nous parlions	= C'est l'heure de mes doléances
Bien sûr, vas-y	= Tu n'as pas intérêt à y aller
Contrariée, moi ? Pas du tout...	= Et comment, pauvre débile !
Tu es... si viril	= Tu ferais bien de te raser et tu transpires beaucoup
Tu es très attentionné ce soir	= Tu ne penses donc qu'au sexe ?
Eteins la lumière	= J'ai de la cellulite
La cuisine est si peu pratique	= Je veux une nouvelle maison
Je veux des nouveaux rideaux	= Mais aussi une nouvelle moquette, des meubles, changer le papier peint...
Accroche le tableau ici	= NON c'est là que je le voudrais !
J'ai entendu un bruit...	= Tu étais sur le point de t'endormir avant moi !

Tu m'aimes ?	= Je vais te demander quelque chose de cher
Tu m'aimes vraiment fort ?	= J'ai fait quelque chose, aujourd'hui, que tu ne vas pas vraiment apprécier
Je serai prête dans une minute	= Tu peux ôter tes chaussures et chercher une bonne émission à la télé
J'ai des grosses fesses ?	= Dis-moi que je suis belle
Tu dois apprendre à communiquer	= Je te demande d'être d'accord avec moi
Tu m'écoutes ?	= Trop tard, tu es mort !
C'était le bébé	= Tu ne peux pas te lever et le bercer jusqu'à ce qu'il s'endorme ?
Je ne crie pas !	= Oui, je crie parce que je pense que ça en vaut la peine

Le français tel qu'un homme le parle

J'ai faim	= J'ai faim
J'ai sommeil	= J'ai sommeil
Tu veux aller au cinéma ?	= Je ne serais pas contre le fait de faire l'amour avec toi
Je peux t'appeler de temps en temps ?	= Je ne serais pas contre le fait de faire l'amour avec toi
Tu veux danser ?	= Je ne serais pas contre le fait de faire l'amour avec toi
Jolie robe	= Décolleté excitant !
Tu as l'air tendue, je vais te masser	= Je voudrais te caresser
Qu'est-ce qui cloche ?	= Quelle fadaise insignifiante et probablement imaginaire te met de mauvaise humeur ?
Qu'est-ce qui cloche ?	= Je suppose qu'il n'est pas question de faire l'amour ce soir ?
Je m'ennuie	= Tu veux faire l'amour ?
Je t'aime	= Allez, on fait l'amour ?
Je t'aime aussi	= Ça y est, je l'ai dit, on peut faire l'amour maintenant !
Oui, j'aime bien ta nouvelle coupe de cheveux	= Je préférais l'ancienne

Oui, j'aime bien
ta nouvelle coupe de cheveux

= Tu as dépensé 70 euros
et tu as la même tête qu'avant

On parle ?

= J'essaie de t'impressionner
en te montrant que je suis
une personne profonde
et peut-être qu'alors tu voudras
faire l'amour avec moi

Je veux t'épouser

= Je veux t'interdire d'avoir
des rapports sexuels
avec d'autres hommes que moi

Lorsqu'une femme parle avec émotion,
elle communique surtout par des signaux faciaux
expressifs, un langage corporel et une série
de schèmes linguistiques.

Un homme qui laisse parler ses émotions
a de fortes chances de passer en mode reptilien
et de faire des remarques cinglantes
ou de devenir agressif.

Les femmes mesurent leur valeur à la qualité de leurs relations

Si une femme est malheureuse dans ses relations, elle ne peut pas se concentrer sur son travail.

Quand elle est stressée ou sous pression, une femme considère le fait de parler avec son compagnon comme une récompense alors que dans la même situation l'homme se sent dérangé dans son processus de résolution de problèmes. Elle veut parler et se faire câliner, lui préfère regarder le foot. Elle le trouve indifférent ou insensible, il la juge envahissante et contrariante. Ces perceptions reflètent les différences d'organisation et de priorités entre les cerveaux masculin et féminin. C'est pourquoi une femme dit toujours que la relation est plus importante pour elle que pour lui (elle l'est). Quand vous êtes stressé, tenez compte de cette différence, vous allégerez la pression qui pèse sur vous et votre partenaire et ne porterez pas de jugements trop sévères sur lui (ou elle).

Ce sont l'activité professionnelle qu'il exerce et ses propres réalisations qui définissent un homme

Si un homme est malheureux au travail,
il ne peut se concentrer sur ses relations.

« Comment régler le problème ? », telle est LA question type du cerveau masculin face à la quasi-totalité des situations. Dans presque toutes, les hommes se mettent en mode résolution.

Une femme nous raconte qu'elle a demandé à son mari de se montrer plus aimant : il a réagi en tondant la pelouse. Cet acte, il le considérait comme une expression de son amour. Quand elle a laissé filtrer son insatisfaction, il a repeint la cuisine. Mais comme ça ne marchait pas, il lui a proposé de l'emmener au foot. Quand une femme est contrariée, elle se confie à ses amies ; un homme contrarié va réparer un moteur ou un robinet qui fuit.

Les femmes reconnaissent leurs erreurs

Un homme ne reconnaît pas ses erreurs, de peur que sa compagne l'en aime moins. Mais une femme aime d'autant plus un homme qu'il reconnaît ses erreurs.

Une femme doit s'assurer qu'elle ne dévalue pas un homme quand elle discute de ses problèmes à lui, avec lui. Le simple fait de lui offrir un livre d'épanouissement personnel pour son anniversaire peut être interprété par ce dernier comme un jugement dépréciatif.

Les hommes détestent les critiques,
c'est pourquoi ils rêvent d'épouser des vierges.

L'homme doit comprendre que l'objectif de la femme n'est pas de le déprécier, mais de l'aider. Il ne doit pas prendre ses suggestions comme des attaques déguisées.

Les hommes ne se trompent jamais

Cela fait un million d'années qu'ils sont hantés par la peur de l'échec : celle-ci est imprimée dans leur cerveau. Si un homme, au volant de sa voiture, est seul, il s'arrêtera peut-être pour demander son chemin. Mais qu'une femme soit assise à côté de lui et il vivra la même situation comme un aveu d'échec.

Quand une femme ose dire : « Demandons notre chemin », un homme entend : « Tu es nul, tu es incapable de te débrouiller seul. » Quand elle lance : « Le robinet de la cuisine fuit, on va appeler un plombier », il entend : « Tu n'es qu'un incapable, je vais appeler un autre homme pour le faire à ta place ! »

C'est pour la même raison que les hommes éprouvent des difficultés à dire : « Je suis désolé. » Cela revient à reconnaître qu'ils ont tort et avoir tort, c'est échouer.

Quand la pression monte, les hommes boivent de l'alcool ou envahissent un autre pays. Les femmes stressées mangent du chocolat et envahissent les centres commerciaux.

Sous pression, les femmes parlent sans réfléchir et les hommes agissent sans réfléchir. C'est pourquoi 90 % des détenus sont des hommes et 90 % des patients en psychothérapie des femmes. Quand hommes et femmes sont sous pression simultanément, c'est le champ de mines émotionnel : les hommes se réfugient dans le silence, ce qui inquiète les femmes. Les femmes ne peuvent plus s'arrêter de parler, ce qui agace les hommes au plus haut point. Pour aider leurs compagnons à se sentir mieux, elles vont les encourager à parler de leur problème – c'est la pire chose à faire. Réaction type : l'homme supplie qu'on lui fiche la paix et court la chercher dans un refuge quelconque.

Parce qu'elle est aussi sous pression, sa compagne va vouloir évoquer ses problèmes à elle, ce qui va le frustrer encore plus. Quand il se mettra en mode résolution de problèmes, elle se sentira rejetée, mal aimée et appellera sa mère, sa sœur ou des amies.

Une des plus profondes différences entre les hommes et les femmes à propos de leur réaction au stress est la déconnexion complète. Quand il doit affronter un stress extrême ou qu'il a besoin de trouver une solution à un problème grave, l'homme se déconnecte de son entourage. Les femmes ont du mal à comprendre et à admettre une telle attitude.

L'homme débranche l'aire de son cerveau qui contrôle l'émotion, se met en mode résolution de problèmes et cesse de parler. Qu'un homme ait recours à ce mode de déconnexion complète peut être terrifiant pour une femme parce qu'elle-même n'en fait usage que lorsqu'elle a été blessée, trompée ou violentée. Elle est donc encline à penser qu'il en va de même pour son compagnon : elle a dû le blesser et il ne l'aime plus. Elle essaie de l'encourager à parler mais il refuse obstinément, convaincu qu'elle n'a aucune confiance dans sa capacité de résoudre ses problèmes.

Une femme qui se sent blessée déconnecte et c'est le moment où son compagnon en déduit qu'elle a besoin d'air : il lui laisse alors le champ libre et se réfugie dans le garage et y répare son carburateur, ou bien va retrouver ses amis au bistro. Quand un homme déconnecte totalement il faut le laisser faire, il va très bien se débrouiller. Quand une femme déconnecte totalement, il est temps d'avoir une discussion sérieuse parce qu'il y a de l'eau dans le gaz.

Partagez la télécommande avec la femme de votre vie

L'homme qui surfe sur les chaînes avec la télécommande, est la bête noire de toutes les femmes.

Les femmes ne zappent pas, elles regardent une émission et s'intéressent au scénario, aux sentiments et aux relations des héros de l'histoire. La dépendance au journal du matin remplit à peu près le même rôle chez les hommes. Les femmes ont besoin de comprendre que quand les hommes lisent ou zappent, leur capacité d'écoute et leur mémoire sont restreintes, ce n'est donc pas le moment de leur parler.

Au paradis des hommes, il y a trois télécommandes par personne et la lunette des WC est toujours relevée

Les hommes adorent jouer avec la télécommande. Assis devant la télé, complètement ailleurs, ils passent d'une chaîne à l'autre sans s'intéresser à aucun programme en particulier. Un homme qui se livre à cette activité s'adonne en réalité à la résolution de problèmes et, bien souvent, ne voit même pas les programmes qu'il fait défiler devant ses yeux. Il ne s'intéresse qu'à la conclusion de chaque émission, au dénouement de l'histoire. En zappant indéfiniment, il parvient à oublier ses problèmes et se consacre à résoudre ceux des autres.

Dîner en ville : les femmes

Pour les femmes, le restaurant avec les copines est une façon de construire et de conforter une relation. Elles sont là pour discuter de leur quotidien ou soutenir une des leurs.

Dîner en ville ne constitue pas pour les femmes un motif d'altération du niveau de leurs relations et elles s'appellent tout simplement par leur prénom : si Sophie, Gaëlle, Anne et Noémie s'offrent un restaurant, elles s'appellent Sophie, Gaëlle, Anne et Noémie.

Et quand l'addition arrive, les femmes calculent qui a pris quoi et chacune paie ce qu'elle a consommé.

Dîner en ville : les hommes

Pour les hommes, le restaurant entre copains est une solution rationnelle au problème du repas, c'est la manière la plus simple de supprimer trois embêtements : les courses, la cuisine et la vaisselle.

Au restaurant, les hommes évitent toute intimité comme le montre leur tendance à substituer des sobriquets à leurs prénoms. Michel, Philippe, Alain et Pascal s'appelleront de préférence crâne d'œuf, branleur, tête de nœud et gros lard.

Quand arrive l'addition, les hommes jouent à brandir leur carte bleue pour attirer l'attention sur eux et faire croire qu'ils veulent inviter toute la tablée.

Comment les femmes se douchent

Les femmes se déshabillent et mettent leurs vêtements au sale en séparant le blanc, la couleur et les synthétiques.

Se dirigent vers la salle de bains vêtues d'un peignoir et si elles aperçoivent leur mari sur le chemin, accélèrent le pas en essayant de se dérober à son regard.

Scrutent leur silhouette dans le miroir, gonflent le ventre et se désolent d'avoir pris du poids.

Entrent dans la douche munies d'un gant de toilette, d'une brosse de massage, d'un gant de crin, d'une pierre ponce, etc.

Utilisent le shampooing au concombre et le baume démêlant à l'huile essentielle de jonquille. Laissent reposer un quart d'heure.

Se lavent le visage avec une crème gommante à l'abricot pendant dix minutes jusqu'à ce que la peau prenne une teinte écarlate.

Nettoient le reste du corps avec un lait corporel à l'huile de palme et à la coriandre.

Rincent le baume démêlant au moins un quart d'heure pour être sûres que tout est parti.

Se rasent les aisselles et les jambes. Hésitent à se raser le maillot mais optent finalement pour une épilation à la cire.

Poussent un cri strident quand l'eau de la douche devient bouillante parce que leur mari a ouvert le robinet d'eau froide du lavabo sans prévenir.

Coupent le robinet de la douche. Passent un coup d'éponge sur toutes les surfaces et pulvérisent un détergent anti-calcaire sur les parties en inox.

Sortent de la douche.

Choisissent la plus grande serviette pour se sécher. S'enveloppent la tête dans une autre serviette super absorbante.

Scrutent leur corps tout entier à la recherche des moindres imperfections.

Repartent de la salle de bains vêtues d'une longue robe de chambre et la tête enturbannée.

Si leur mari se trouve dans les parages, se précipitent vers la chambre, s'y enferment et passent une heure et demie à s'habiller.

Comment les hommes se douchent

Les hommes se déshabillent et laissent leurs vêtements en tas sur le lit.

Se dirigent nus vers la salle de bains.

S'ils croisent leur femme, secouent énergiquement leurs bijoux de famille dans sa direction en criant : « Dégagez le passage ! »

Se regardent dans le miroir et rentrent le ventre pour contempler leur physique viril. Jettent un coup d'œil admiratif à la taille de leur pénis, se grattent les parties génitales et reniflent leurs doigts.

Entrent dans la douche.

Ne cherchent pas le gant de toilette, n'en ont pas besoin.

Se lavent les bras.

Se lavent les aisselles.

S'esclaffent en entendant leur pet résonner dans la cabine.

Se lavent les parties génitales et le pubis.

Se lavent les fesses en laissant des poils sur le savon.

Se lavent les cheveux mais dédaignent le baume démêlant.

Se façonnent une crête de cheveux avec le shampoing et écartent le rideau pour se contempler dans le miroir.

Urinent dans la douche en visant la bonde.
Se rincent et sortent de la douche. Ne remarquent pas la flaque d'eau sur le sol due au fait qu'ils avaient omis de ramener le rideau de douche à l'intérieur de la cabine.

Se sèchent partiellement.

Se regardent dans le miroir, font rouler leur muscles sous la peau et admirent encore une fois la taille de leur pénis.

Laissent le rideau de douche pendouiller à l'extérieur ce qui achève d'inonder le carrelage.

Laissent lumière et ventilation allumées.

Retournent dans la chambre, une serviette nouée à la taille. S'ils croisent leur femme, ôtent la serviette, empoignent les bijoux de famille, lancent un « coucou chérie ! » convaincu, accompagné de suggestifs mouvements de bassin.

Remettent leurs vêtements de la veille.

Dico mixte

Communication, n. Au féminin : partager ses pensées et ses sentiments avec son partenaire. Au masculin : griffonner un mot sur un post-it avant de quitter précipitamment la maison avec les copains pour le week-end.

Distraction, n. Au féminin : un bon film, un bon concert, un bon livre. Au masculin : tout ce qu'on peut faire en buvant un verre.

Engagement, n. Au féminin : désir de se marier et de fonder une famille. Au masculin : s'abstenir de flirter avec d'autres filles quand on sort avec sa petite amie.

Faire l'amour, expr. Au féminin : la plus haute forme d'expression de l'intimité au sein du couple. Au masculin : peu importe ce que ça exprime du moment qu'on le fait.

Flatulence, n. Au féminin : une conséquence embarrassante de la digestion. Au masculin : une inépuisable source de plaisanteries et de rigolades entre copains.

Récalcitrant, adj. Au féminin : tout organe du moteur situé sous le capot d'une voiture. Au masculin : agrafe de soutien-gorge.

Risqué, adj. Au féminin : se déboutonner émotionnellement devant quelqu'un. Au masculin : faire du patin à roulettes sans protections.

Télécommande, n. Au féminin : un ustensile permettant de changer de chaîne. Au masculin : un ustensile permettant de surfer sur les cinquante (cent, deux cents) chaînes.

Les hommes, les femmes et le sexe

Q : Quelle est la différence entre le syndrome prémenstruel et l'encéphalopathie spongiforme bovine ?

Environ 21 à 28 jours après leurs règles, les femmes sont victimes d'une sévère baisse hormonale qui engendre un malaise appelé syndrome prémenstruel. Pour beaucoup d'entre elles, cet état s'accompagne d'idées noires, de ruminations, de dépression voire de tendances suicidaires. Une femme sur 25 souffre d'un déséquilibre hormonal si aigu que sa personnalité en est métamorphosée.

Soyez gentil avec les femmes qui souffrent de tension prémenstruelle, elles sont peut-être armées.

R : Aucune...

Ce sont les créatures dotées du plus haut niveau de testostérone qui dirigent le règne animal

La testostérone est l'hormone de la réussite, de la réalisation de soi et de la compétitivité, mais, placée en de mauvaises mains (ou testicules), elle rend les animaux et les hommes potentiellement dangereux. La plupart des parents sont conscients de l'avidité presque insatiable de leurs jeunes enfants mâles pour les films violents et frappés de les voir se rappeler et expliquer les scènes de bagarres en détail. Les filles ne s'intéressent généralement pas à ce genre de cinéma.

Quatre-vingt-douze pour cent des coups de klaxon dans les embouteillages sont le fait des hommes, qui sont aussi responsables de 96 % des cambriolages et de 88 % des meurtres. Presque tous les déviants sexuels sont des hommes et les tests sur les femmes déviantes montrent des taux d'hormones mâles élevés chez ces dernières.

La libido féminine

Le plaisir féminin ressemble à un four électrique : il est lent au démarrage, mais une fois atteinte sa température optimale, il met aussi longtemps à refroidir.

La libido de la femme s'épanouit lentement pour atteindre un pic vers 36-38 ans, ce qui explique l'attirance des femmes de 40 ans pour les hommes nettement plus jeunes. L'endurance de ces derniers les rend en effet capables de performances sexuelles aptes à satisfaire des femmes d'âge mûr.

La libido masculine

La libido masculine ressemble à un four à micro-ondes : elle atteint sa température optimale en un instant et décroît tout aussi vite une fois l'ébullition atteinte.

Le niveau de testostérone masculine et les besoins sexuels de l'homme déclinent progressivement avec l'âge. La libido d'un homme de 40 ans s'accorde bien avec celle d'une femme de 20 ans, ce qui explique en partie la combinaison homme mûr/femme jeune que l'on observe souvent. La différence d'âge dans ces unions est souvent de dix à vingt ans.

L'andropause est beaucoup moins désagréable que la ménopause : chez une femme, la ménopause se traduit surtout par une prise de poids et des bouffées de chaleur. Chez les hommes, l'andropause se traduit souvent par le « démon de midi » : le quinquagénaire se met à draguer des jeunes femmes et à chevaucher des motos.

Pas de sexe ce soir, j'ai trop de soucis

La libido féminine est significativement affectée par les événements de sa vie. Si une femme déteste son travail, qu'elle est surmenée, que ses remboursements d'emprunt viennent de doubler, que ses enfants sont malades, qu'elle vient de se faire tremper par une averse, que le chien a fugué, elle ne pensera même pas à faire l'amour. Tout ce dont elle a besoin c'est d'une bonne nuit de sommeil.

Un petit câlin, chérie, s'il te plaît

Quand les mêmes événements surviennent dans la vie de l'homme, il considère le sexe comme un somnifère idéal : une façon d'évacuer les tensions accumulées dans la journée. Si bien qu'arrivé le soir, il va harceler sa compagne. Celle-ci risque alors de se rebiffer et lui en vouloir, allant jusqu'à le traiter d'obsédé. Elle s'entendra alors répondre qu'elle est frigide et monsieur n'aura plus qu'à aller dormir sur le canapé du salon.

La femme veut faire l'amour souvent avec l'homme qu'elle aime

Un faible pourcentage de femmes sont aussi infidèles que les hommes mais leurs motivations diffèrent : pour exciter sexuellement le cerveau féminin, avant tout configuré pour défendre le nid, la seule promesse de sexe ne suffit pas. La plupart des femmes ont besoin d'une relation ou au moins d'une connexion émotionnelle pour éprouver un désir sexuel.

La majorité des hommes ne comprennent pas que pour qu'une femme s'envoie joyeusement en l'air avec eux pendant les trois ou six mois qui suivent elle doit au préalable nouer un lien émotionnel.

Un homme veut seulement beaucoup de sexe

L'infidélité est inscrite dans les circuits cérébraux masculins. Pourvu d'énormes quantités de testostérone pour procréer, il n'est pas biologiquement prédisposé à la monogamie. D'ailleurs pour la plupart, ce terme évoque le nom d'une redoutable maladie.

Si on leur lâchait la bride, la plupart des hommes passeraient le plus clair de leur temps à copuler sans réfléchir pour assurer la survie de la tribu.

Un seigneur du Moyen Âge décide de partir pour les croisades. Il estime que son épouse doit porter une ceinture de chasteté pendant la durée de son absence. Il lui enfile donc ladite ceinture, la verrouille soigneusement et en confie la clé à son meilleur ami.
« Si je ne suis pas revenu dans quatre ans, je t'autorise à ouvrir la ceinture de chasteté et ma femme sera libre de mener une vie normale. »
Le seigneur part sur son cheval. Une demi-heure plus tard, il entend un bruit de galop et aperçoit un panache de poussière sur la route derrière lui. Il attend quelques instants et voit arriver son meilleur ami.
« Qu'est-ce qui ne va pas ? lui demande-t-il.
– Tu m'as donné une mauvaise clé ! »

108 La plupart des femmes préfèrent faire l'amour lumière éteinte ; elles ne supportent pas de voir un homme prendre son pied.

Les hommes préfèrent que la lumière
reste allumée ; alors ils sont sûrs
de ne pas se tromper de prénom.

Une femme ne fait pas l'amour pour les mêmes raisons qu'un homme.

Quand il s'agit de faire l'amour,
les femmes ont besoin d'un motif valable,
les hommes cherchent l'endroit ad hoc.

D'une nouvelle relation, une femme attend avant tout de l'amour. Le sexe n'est qu'une conséquence.

« Tu es nul au lit !, lui lance-t-elle.

– Comment peux-tu en juger après deux minutes ? » réplique-t-il.

Du démarrage à froid jusqu'à l'orgasme, un homme en bonne santé a besoin d'environ deux minutes et demie. Pour une femme en bonne santé, comptez environ treize minutes. Pour la plupart des mammifères, la copulation est une affaire rapidement expédiée, parce que c'est un moment où ils deviennent des proies faciles. Le « coup rapide » est une invention de la Nature pour la préservation des espèces.

L'HOMME ET LA FEMME
NE FONT PAS L'AMOUR POUR
LES MÊMES RAISONS, N'ONT
PAS LES MÊMES EXCITATIONS.
N'ATTEIGNENT PAS
L'ORGASME EN
MÊME TEMPS...
Mais rassure moi, ça reste faisable?

C'est ce qu'elle entend qui excite une femme

Quand une femme voit un homme nu,
elle éclate en général de rire.

Dotées d'une large gamme de récepteurs sensoriels, les femmes préfèrent entendre des mots tendres plutôt que de contempler les formes de l'homme qui se trouve à leurs côtés. Les femmes sont si sensibles aux compliments, que nombre d'entre elles ferment les yeux quand leur partenaire leur murmure des mots d'amour.

C'est ce qu'il voit qui excite un homme

Quand un homme voit une femme nue,
il est aussitôt excité.

Le cerveau masculin est configuré pour contempler les formes féminines. C'est pourquoi les images érotiques ont tant d'impact sur les hommes.

Quand une femme aux proportions agréables passe devant lui, le spécimen masculin type, dépourvu d'une bonne vision périphérique, doit tourner la tête pour la suivre du regard. Il entre alors dans un état proche de la transe. Il salive, son regard devient fixe, son souffle s'accélère... Si un couple remonte la rue et que Miss mini-jupe marche à leur rencontre en ondulant sur le trottoir d'en face, c'est la femme, grâce à sa vision périphérique, qui repérera sa rivale la première. Elle fera une rapide comparaison entre l'autre femme et elle-même, en général à son détriment.

Quand l'homme se met à reluquer l'autre femme, sa compagne lui envoie illico de forts signaux négatifs. Cette dernière a en général deux types de pensées négatives dans ce genre de situation : d'abord elle estime, à tort, que son mari préfèrerait être avec l'autre femme et ensuite, qu'elle n'est pas physiquement aussi attirante que sa rivale. Les hommes sont visuellement attirés par les courbes sinueuses, les longues jambes et les formes rebondies. Toute femme dotée de proportions avantageuses attirera son attention.

Mais cela ne signifie pas pour autant que l'homme en question voudra entraîner cette autre femme dans son lit. Après tout, cette autre femme, il ne la connaît même pas et il n'est pas sérieusement question d'une relation à long terme avec elle. Une telle situation nous rappelle toutefois opportunément que le rôle de l'homme, à l'origine, était de rechercher des occasions d'accroître la taille de la tribu. Le même principe vaut pour le lecteur d'un magazine de charme qui regarde les pages centrales : quand il détaille la pin-up en tenue d'Ève, il ne se demande pas si elle a une personnalité agréable ou si elle sait cuisiner. Il soupèse ses atouts physiques, un point c'est tout. Un peu comme s'il admirait un jambon dans la vitrine d'un charcutier. Il ne s'agit pas d'excuser les regards parfois lourds, insistants, agressifs des hommes. Mais simplement de souligner que, pour un homme, reluquer une femme ne signifie pas se désintéresser de sa compagne. Ses hormones le travaillent, c'est tout. En fait, les études montrent que les femmes « matent » plus que les hommes. Mais ces dernières, dotées d'une meilleure vision périphérique, se font rarement prendre sur le fait.

Mesdames, comprenez donc que la passion masculine des courbes et formes féminines est inscrite dans leurs gènes et ne vous sentez pas menacées par une telle attitude. Prenez le parti opposé : vous êtes la première à repérer une rivale ? Soyez aussi la première à faire un commentaire, vous mettrez votre compagnon à l'aise. Messieurs, vous devez aussi comprendre que votre voyeurisme a des limites, ne serait-ce que par égard pour votre compagne.

1. La personnalité

2. L'humour

3. La sensibilité

4. L'intelligence

5. Un beau corps

Ce que les hommes pensent que les femmes recherchent

1. La personnalité

2. Un beau corps

3. L'humour

4. La sensibilité

5. La prestance

Ce que les femmes pensent que les hommes recherchent

1. L'allure

2. Un beau corps

3. Une belle poitrine

4. Des fesses

5. La personnalité

1. La personnalité

2. L'allure

3. L'intellect

4. L'humour

5. Un beau corps

Ce qui excite les femmes

1. La romance

2. L'engagement

3. La communication

4. L'intimité

5. Un contact physique non sexuel

Les femmes sont auditives et sentimentales, elles désirent être caressées et attendent une relation romantique.

1. La pornographie

2. Les femmes nues

3. Des expériences sexuelles multiples

4. La lingerie

5. Que la femme qu'ils convoitent soit disponible

Les hommes sont visuels
et veulent du sexe.

Comment satisfaire une femme à tous les coups

Caresses, compliments, mamours, massages, empathie, sérénade, compliments, soutien, flatteries, taquineries, humour, douceurs, stimulation, cajoleries, prévenances, consolation, bijoux, câlineries, protection, excitation, divertissement, coups de fil, charme, petits soins, empressement, vêtements, confiance, reconnaissance, gâteries, louanges, adulation, que vous rêviez d'elle et que vous soyez prêts à mourir pour elle, que vous lui passiez tout, bref que vous l'adoriez.

Comment satisfaire un homme à tous les coups

Déshabillez-vous.

Ce que les femmes attendent du sexe

Avant de faire l'amour, une femme doit sentir l'excitation monter, sur une durée assez longue, ce qui suppose beaucoup d'attention et de mots doux de son partenaire. L'homme veut se vider, la femme désire se remplir. Une fois assimilée cette différence, les hommes deviennent des amants plus attentifs. La plupart des femmes ont besoin d'au moins trente minutes de préliminaires avant d'être prêtes à faire l'amour. Les hommes n'ont besoin que de trente secondes et pour la plupart raccompagner leur flirt en voiture chez elle constitue une mise en train suffisante.

Après l'amour, la femme connaît un pic hormonal et elle déborde d'envies. Elle a besoin de toucher, d'étreindre, de parler… L'homme, en revanche, s'il ne s'est pas déjà endormi, s'esquive souvent après l'orgasme, mû par l'irrépressible besoin de « faire quelque chose », boire un café ou fumer une cigarette, par exemple. Les hommes ont en effet toujours besoin de sentir qu'ils gardent le contrôle d'eux-mêmes alors que pendant l'orgasme, ils le perdent brièvement. En se levant et en vacant à d'autres occupations, ils ont l'impression de retrouver cette maîtrise.

Ce que les hommes attendent du sexe

L'orgasme leur permet d'évacuer les tensions accumulées. Les hommes utilisent le sexe pour exprimer physiquement ce qu'ils ne peuvent exprimer émotionnellement. Si un homme a un problème (trouver un nouveau travail, rembourser un découvert, résoudre un conflit), il va utiliser le sexe pour évacuer ces émotions trop intenses. Il y a peu de problèmes masculins que le sexe ne puisse résoudre.

Les tests montrent qu'un homme aux pulsions sexuelles refoulées éprouve des difficultés à écouter, à réfléchir, à conduire ou à manœuvrer une machinerie compliquée. Il souffre aussi d'une sorte de distorsion temporelle dans laquelle trois minutes en valent quinze. Si une femme attend une décision intelligente de son compagnon, elle fera bien d'en discuter après l'amour, à un moment où ses pensées se seront clarifiées.

Parler pendant l'amour : les femmes

Pour pouvoir parler pendant l'amour, un homme doit « passer » sur son cerveau gauche. La femme elle, peut parler et faire l'amour en même temps.

Pour une femme, le dialogue constitue un aspect essentiel des préliminaires, on ne soulignera jamais assez à quel point les mots sont importants pour elle. Pour combler les attentes de sa compagne, l'homme doit donc multiplier les mots tendres avant de passer à l'acte. Par contre la femme doit cesser de parler durant l'amour et se contenter d'onomatopées pour soutenir l'intérêt de son partenaire (une multitude de Oh ! et de Ah ! donneront à un homme le retour dont il a besoin pour jouir). Si une femme parle pendant l'amour, l'homme se sent obligé de répondre et la magie du moment risque d'être brisée.

Parler pendant l'amour : les hommes

La plupart des hommes ne peuvent faire qu'une chose à la fois. Quand un homme a une érection, il lui est difficile de parler, d'entendre ou de conduire et c'est la raison pour laquelle les hommes parlent rarement pendant qu'ils font l'amour. L'homme adore entendre sa partenaire lui annoncer crûment ce qu'elle compte lui faire, mais seulement avant, pas pendant l'amour. Un homme peut être désorienté et son érection ne pas se maintenir quand une femme lui parle pendant l'acte sexuel. L'homme utilise alors son cerveau droit et les scanners du cerveau montrent qu'il est si concentré sur ce qu'il fait qu'il est virtuellement sourd.

Un jour, Dieu vient voir Adam et lui dit :
« J'ai une bonne et une mauvaise nouvelle pour toi.
– Je préférerais entendre la bonne nouvelle d'abord.
– Je t'ai confectionné deux nouveaux organes. Le premier s'appelle un cerveau. Il te permettra de devenir très intelligent, de créer de nouvelles choses et d'avoir de merveilleuses conversations avec Ève. L'autre organe que je t'ai fabriqué s'appelle un pénis. Il te permettra de te reproduire et de peupler cette planète. »
Adam, très excité, lui lance :
« Ce sont de magnifiques présents que tu me fais là. Quelle peut bien être la mauvaise nouvelle ?
– La mauvaise nouvelle, c'est que lorsque je t'ai créé je t'ai donné juste assez de sang pour faire fonctionner un seul de ces organes à la fois. »

Les femmes estiment que les ordinateurs sont du genre masculin parce que :

1. Pour attirer leur attention, vous devez les allumer.

2. Ils sont bourrés de données mais n'ont pas deux sous de bon sens.

3. Ils sont censés vous aider à résoudre vos problèmes, mais la plupart du temps ce sont eux le problème.

4. Dès que vous en dénichez un, vous réalisez que, si vous aviez attendu un peu plus longtemps, vous auriez pu trouver un modèle plus performant.

Pour les hommes, les ordinateurs sont indéniablement du genre féminin parce que :

1. Personne sauf Dieu ne comprend la logique de leur fonctionnement.

2. Le langage intégré qu'ils utilisent pour parler avec d'autres ordinateurs est inintelligible.

3. Même vos plus petites erreurs sont gardées en mémoire et se retournent tôt ou tard contre vous.

4. Dès que vous vous engagez avec un ordinateur, vous vous retrouvez à dépenser la moitié de votre salaire.

Amour, romance et mariage

Monogamie

Du point de vue de la femme, quand son futur la demande en mariage, il déclare au monde qu'il la considère comme « spéciale » et qu'il a l'intention d'avoir une relation exclusive avec elle. Ce sentiment d'être quelqu'un de spécial a un effet spectaculaire sur la chimie cérébrale de l'orgasme : les recherches montrent en effet que celui-ci est deux à trois fois plus fort dans une relation monogame et quatre à cinq fois plus fort dans un lit conjugal !

Le sexe est le prix que les femmes paient pour le mariage.

Le mariage est le prix que les hommes paient pour le sexe.

Polygamie

La majorité des hommes considèrent que les relations extra-conjugales n'affectent pas leur relation parce qu'ils font une distinction très nette entre amour et sexualité. Pour les femmes, en revanche, amour et sexualité sont liés. Une relation sexuelle avec une autre femme peut être considérée comme une trahison suprême et un excellent motif de rompre une relation.

Le mariage a ses bons côtés.
Il vous apprend la loyauté, la patience,
la tolérance, la retenue
et toute une série d'importantes qualités
dont un célibataire n'a nul besoin.

Je t'aime

Dire « je t'aime » n'est jamais un problème pour une femme. Grâce à sa configuration cérébrale, son monde est plein de sentiments, d'émotions, de communication et de mots. Quand elle se sent désirée, aimée, en harmonie avec elle-même, une femme sait qu'elle est probablement amoureuse. Les femmes savent aussi reconnaître qu'une relation amoureuse est terminée et c'est pourquoi, la plupart du temps, ce sont elles qui y mettent un terme.

Les femmes savent reconnaître
qu'une relation amoureuse est terminée
et c'est pourquoi, la plupart du temps,
ce sont elles qui y mettent un terme.

Pourquoi les hommes sont incapables de prononcer le mot AMOUR

Un homme n'est pas sûr de savoir ce qu'est l'amour, notion qu'il a tendance à confondre avec plaisir et engouement. Tout ce qu'il sait c'est qu'il a envie de faire l'amour avec cette femme... Peut-être est-ce cela l'amour ? Le cerveau déboussolé par la testostérone, il a des érections en permanence et il n'arrive plus à se concentrer. Il faut souvent des années à un homme pour reconnaître qu'il a été amoureux, et cette démarche est toujours rétrospective.

Beaucoup d'hommes sont des phobiques de l'engagement. En prononçant le mot AMOUR, ils redoutent de s'engager pour le restant de leurs jours et de devoir tirer un trait sur leur fantasme de soirées dans un jacuzzi avec des super nanas en tenue d'Ève. Quand un homme finit par dire oui, il a alors besoin de l'annoncer à tout le monde, de le crier sur les toits. La plupart des hommes, cependant, ne remarquent pas à quel point le simple fait de prononcer le mot magique décuple l'orgasme féminin.

Se débarrasser d'un homme sans atteindre sa virilité n'est pas simple. « Va-t-en » ou « Je ne veux plus jamais te revoir » s'apparente à un défi. Si vous voulez vous débarrasser d'un homme, je vous suggère plutôt : « Je t'aime, je veux t'épouser, je veux des enfants de toi ». Vous verrez, il n'aura jamais couru aussi vite.

Et pour conclure...

En dépit d'énormes différences sexuelles, les relations entre hommes et femmes se portent plutôt bien. Le mérite de cette réussite revient pour l'essentiel aux femmes qui possèdent les compétences nécessaires pour gérer les relations et la vie de famille. Elles flairent les mobiles et les significations profondes qui se cachent dans les propos et les comportements de leurs proches, d'où leur capacité d'anticiper les problèmes et de prendre les mesures qui s'imposent pour les éviter. Si tous les chefs d'États de la planète étaient des femmes, ce seul paramètre suffirait à faire du monde un lieu bien plus sûr. Les hommes sont configurés pour chasser et rapporter le repas, retrouver le chemin de la maison, contempler le feu et procréer, un point c'est tout. L'ère moderne n'a rien changé à ces données de base si ce n'est en les contraignant à assimiler de nouveaux modes de survie.

Ce qui complique les relations est le refus des hommes et des femmes de reconnaître leur différence bio-physiologique et leur manie d'exiger de l'autre qu'il se conforme à leurs attentes. Une grande part du stress des relations entre les sexes vient de la fausse croyance que les hommes et les femmes sont aujourd'hui les mêmes, qu'ils ont donc les mêmes priorités, les mêmes comportements, les mêmes désirs.

Pour la première fois dans l'histoire humaine, nous éduquons garçons et filles de manière identique, leur enseignons qu'ils sont en tous points semblables et que chaque sexe a les mêmes capacités que l'autre. Une fois adultes, il se marient et découvrent un beau jour qu'ils sont différents l'un de l'autre, différents de A à Z. Il n'est donc pas étonnant que les relations sentimentales des jeunes gens soient si difficiles et que tant de mariages finissent par capoter. Tout discours qui insiste sur la similitude des sexes entretient cette confusion parce qu'il exige des hommes et des femmes, dotés de configurations cérébrales si différentes, un comportement identique. Il est parfois difficile de comprendre pourquoi la nature a voulu une telle incompatibilité apparente entre les sexes, mais il ne s'agit que d'une illusion d'optique : notre bio-physiologie héritée de nos ancêtres n'a plus grand-chose à voir avec notre environnement actuel.

La bonne nouvelle, c'est qu'une fois qu'on a compris l'origine de ces différences, non seulement on trouve plus aisé de vivre avec elles, mais on peut les gérer, les apprécier et même finir par les adorer.

Les hommes veulent le pouvoir, la réussite et le sexe. Les femmes veulent des relations, de la stabilité et de l'amour. Regretter cette différence revient à pester contre le ciel quand il pleut. Accepter la pluie, c'est décider de faire ce qu'il faut pour ne pas en pâtir : emportez un imper ou un parapluie et la pluie cesse d'être un problème. De la même façon, en comprenant les problèmes et les conflits que les différences entre hommes et femmes peuvent engendrer dans leurs relations, vous deviendrez capable de les surmonter beaucoup plus facilement quand ils apparaîtront.

AMOUR
SEXE
POUVOIR
RÉUSSITE
GABS.

Des mêmes auteurs

Pourquoi les hommes n'écoutent jamais rien et les femmes ne savent pas lire les cartes routières	First, 1999
Pourquoi les hommes n'écoutent jamais rien	First, 2000
Pourquoi les femmes ne savent pas lire les cartes routières	First, 2000
Pourquoi les hommes mentent et les femmes pleurent	First, 2002

A paraître

Pourquoi les hommes mentent	First, 2003
Pourquoi les femmes pleurent	First, 2003

MW01697642

The Fairbairn-Sykes Fighting Knife

The Fairbairn-Sykes Fighting Knife

Collecting Britain's Most Iconic Dagger

Wolfgang Peter-Michel

Schiffer Military History
Atglen, PA

Book Design by Ian Robertson

Copyright 2011 by Wolfgang Peter-Michel
Library of Congress Control Number: 2010939817

All rights reserved. No part of this work may be reproduced or used in any forms or by any means – graphic, electronic or mechanical, including photocopying or information storage and retrieval systems – without written permission from the publisher

Printed in China.
ISBN: 978-0-7643-3763-5

We are interested in hearing from authors with book ideas on related topics.

Published by Schiffer Publishing Ltd.
4880 Lower Valley Road
Atglen, PA 19310
Phone: (610) 593-1777
FAX: (610) 593-2002
E-mail: Info@schifferbooks.com.
Visit our web site at: www.schifferbooks.com
Please write for a free catalog.
This book may be purchased from the publisher.
Please include $5.00 postage.
Try your bookstore first.

In Europe, Schiffer books are distributed by:
Bushwood Books
6 Marksbury Avenue
Kew Gardens
Surrey TW9 4JF, England
Phone: 44 (0) 20 8392-8585
FAX: 44 (0) 20 8392-9876
E-mail: Info@bushwoodbooks.co.uk.
Visit our website at: www.bushwoodbooks.co.uk

Contents

The three patterns of the Fairbairn-Sykes Fighting Knife.

Introduction

"Thou shalt not kill."

Well into the 20th Century, the armed forces in the western hemisphere attached less and less importance to the matter of knives and knife fighting. Due to the increasing mechanisation of the military, it became conventional wisdom that future wars would be fought mainly by artillery, tanks, aircraft and battleships, rather than in close combat between individual soldiers. During the Great War of 1914–1918, the fighting in the trenches necessitated a renaissance of long forgotten techniques for close combat fighting, and soldiers equipped themselves with self-made knives, clubs and knuckle dusters. By the middle of the war, some armies officially issued their soldiers with different sorts of bladeware, but these were often meant as utility knives as well, and no additional training in the use of the knife as a weapon was provided. In the inter-war years, most of the lessons learned were forgotten by the military superiors. At the beginning of World War II, Hitler's "Blitzkrieg" tactics, initially very successful, seemed to prove again that hand to hand fighting was a remnant of the past.

In 1940 the British army nevertheless equipped their newly established elite force, the "British Commandos", with a knife that was designed mainly for fighting – the Fairbairn-Sykes Fighting Knife. Additionally, the Commandos received special training in its use in close combat fighting. Their main objective was to perform guerrilla-like assault operations to wear down the enemy, destroy vital parts of his infrastructure, and to collect information which could be decisive for the outcome of the war. These elite soldiers were prepared to fulfil their objective even with the use of cold steel.

Introduced at what was to become a turning point in the Empire's fight against the axis powers, the Special Units' knife, known as the "Commando Dagger", became symbolic of Britain's victory and that of its allies. Today, the knives are valued by thousands of collectors all over the world, but reliable information is scarce. Many legends were created after the war concerning the development and military use of this symbol of the allied victory in World War II. Also, the vast number of fakes makes the Fairbairn-Sykes Fighting Knife a difficult subject for serious collectors. Therefore, this book provides an insight into the true history of the F-S Knife and the different variants that emerged as it was improved and the number of manufacturers increased.

I am indebted to my friend Scott Lindsay, Edinburgh, who kindly proofread the whole manuscript of the book. He took the strenuous and tiring task to eliminate all the tiny little mistakes a non-native speaker can do to a language and to turn it into good English.

I am further grateful to Paul Cornish of the Imperial War Museum, London; Hubert Pauwels of the Belgian Paracommando Museum, Flawinne; and Lynn Philip Hodgson, Ontario/Canada, for their kind support and contributions to this book.

The Commando Memorial in Spean Bridge, Scotland.

1

With One's Back to the Wall
Britain 1940

After the first few months of World War II, Great Britain was in a difficult situation. As a reaction to the German invasion of Poland on September 1st 1939, the empire, together with France, immediately declared war against the aggressor. The following Spring, Hitler forced the unconditional surrender of Denmark and then invaded Norway against the strong resistance of Norwegian and British troops. In the middle of May 1940, Hitler's armies also attacked the Netherlands, Belgium, Luxembourg, and France. Until the middle of June, the French army had to give up fighting against the German invaders, in spite of the massive support of the British Expeditionary Force consisting of more than 200,000 soldiers.

Even as they were evacuating their soldiers from the beaches of Dunkirk, from May 26th to June 4th 1940, the British government began to evaluate a new strategy to fight against the German troops on the continent more effectively. The German invasion of the British Isles seemed imminent, and the remaining British military power would not be sufficient to stop a Nazi landing operation. The French Channel coast and most of the North Sea littoral states were occupied by the Germans; making it more and more difficult for Britain to get outside supplies. At that time, the Soviet Union had to be considered an ally of Hitler's Reich, due to the Hitler-Stalin Pact. The United States of America was not yet willing to take part in this rapidly emerging war. In June, Italy decided to become an ally of Germany and Spain's dictator, Franco, offered Hitler his support. Japan increasingly strengthened its relations with the German Reich, and started brutal campaigns of conquest in Asia.[1]

This forced Great Britain into the role of being the only European stronghold against Hitler's war of injustice. On July 16th 1940, the German dictator ordered preparations to begin for the "Unternehmen Seelöwe" – the German invasion of the British Isles. Göring's Luftwaffe was to level the ground for this landing operation by opening the "Battle of Britain" on August 13th. In this seemingly desperate situation, the British government decided to found an elite force whose actions would provoke a defensive response from the enemy and to cause casualties by quick assaults.[2] The troubled nation decided to regain the offensive by utilising the tactics of guerrilla warfare.

German soldiers in preparation of operation "Seelöwe", the German invasion of the British Isles. *Photo: Bildarchiv Preussischer Kulturbesitz (bpk).*

Prime Minister Winston Churchill had learned his lessons in irregular warfare as a young war correspondent and officer in the South African Boer War (1899–1902). In this conflict, the Boer guerrilla fighters caused the British army many casualties. The Boer "Commandos", as they referred to themselves, operated for more than three years in small platoons, typically attacking the communication and supply lines of the British. By the time the British army was able to fight back, the attackers had already disappeared back into the African veld.[3]

As the leader of a nation close to defeat, Churchill recalled this method of defensive fighting and founded the elite force "British Commandos". The unit was intended to lead mainly amphibious raids against the enemy occupied coastlines of France and the Channel Islands. Their goal was to destroy important enemy infrastructure, and to leave behind the greatest possible number of enemy casualties. His South African experiences led Churchill to an even more unconventional plan: agents of a newly founded secret service, the "Special Operations Executive" (SOE), were to infiltrate behind enemy lines, fulfil sabotage operations and support local resistance groups. Supporting the strategy of the allied high command, the sabotage operations and selective killings performed by the SOE were intended to weaken the enemy and immobilize him.

With their "Blitzkrieg" tactics, the Germans had laid the foundations of their own vulnerability to guerrilla or partisan attack. The quick German assaults using fast, motorized units that rapidly overran large areas of Europe and Scandinavia, had overcome the military powers of these countries; but at the same time, had triggered the will to resist in the

Opposite: Boer "Commandos" during the South African war. *bpk.*

local populations. As a result of the brutal German occupational policies that followed, the British agents often found resistance groups already operating when they arrived behind enemy lines, which they were able to win as reliable partners in irregular warfare.

The very long supply and communication lines that Hitler's armies had unwittingly created through rapid penetration of opponents' territories, were difficult to protect and offered the resistance groups many possibilities for attack. The British planners tried to enhance this partisan war further by the operations of their Commando troops and their secret services. These activities built on the resistance that was inherent in the local population and strengthened the local resistance groups.[4]

"To coordinate all action by way of subversion and sabotage against the enemy overseas", was the way Churchill described it in a memorandum to his war cabinet. Even more explicitly, the British prime minister described the major objective of the SOE in the phrase: "...to set Europe ablaze".[5]

And this was exactly what the British Commandos did during their first assaults against the German occupied coasts of France and Scandinavia. The Nazi troops suddenly found themselves in a defensive role, because they had to guard themselves against surprise attacks by the British elite soldiers. The British Commandos approached their targets using landing crafts, killed or captured guards and other troops, then set fire to, or blew up, military or civilian targets of strategic importance.

The Germans didn't expect such tactics to be used by the British, as it didn't seem to fit in with their previously large scale campaigns of conquest. The Commandos tended to operate with only light infantry weapons, and their actions during these years didn't have the objective of forming permanent bridgeheads.[6]

When the Germans counted their casualties after such assaults, they became aware that a number of their comrades had been knifed to death. This hadn't occurred in the course of the war so far as the defenders of Poland, Belgium or Norway usually didn't have the slightest chance of performing bayonet assaults against the aggressor, who outnumbered their troops in strength. German soldiers who had survived a Commando knife attack described the deadly precision with which the British elite soldiers used the cold steel.

As the British raids were not always successful, and often suffered high numbers of casualties, the Germans were able to study the equipment of their new opponents. They became aware that each of the enemy soldiers carried alongside modern automatic firearms and explosive ordnance a dagger, or better still, a stiletto of an antique looking design. This typically carried the trademark of the renowned British blade manufacturer, Wilkinson, and the inscription seen opposite.

Opposite: The signet of the Fairbairn-Sykes Fighting Knife.

THE
F-S
FIGHTING
KNIFE.

The Wilkinson trademark on a Fairbairn-Sykes Fighting Knife.

This knife seemed to fit centuries long gone, maybe as the sidearm of a duellist of the 18th century, or the stiletto of a courtier in Versailles. Nevertheless, the archaic blade in the hands of well trained personnel created so much concern among the Germans that even the army high command was informed – and by this way Adolf Hitler himself.[7]

But what was the reason for "British gentlemen" to devote themselves to the "ungentlemanly" art of knife fighting? Who designed the knife and who arranged for its serial production? The history of the so called "Fairbairn-Sykes Fighting Knife" unveils not only an unusual fusion between British strategy and Asian martial arts, but also the start of a new era of irregular warfare and connected military training methods.

2

Two Experts at the Right Time
Fairbairn and Sykes

With the establishment of the British Commandos, it became clear that elite units of this kind not only needed better equipment than the regular army, they also required more intensive training. After all, the Commandos should be able to operate independently of supply lines. That meant living "off the land" and fighting, if necessary, with captured enemy weapons. In addition, it would often be necessary to remove enemy sentries as silently as possible, and as a typical Commando operation consisted of quick raids against a militarily superior enemy, the small raiding forces were dependent on the element of surprise. After special training, the soldiers would be able to perform such "silent killings" with a suitable knife, or even with their bare hands.[1]

For the creation of effective close combat training, two teachers were found who couldn't have been more suitable for the job. Born in Britain, they had been police officers in the "Shanghai Municipal Police" (SMP) – the police force of the international settlement in the Chinese city – for several decades. Shanghai at that time had the reputation of being the most dangerous city in the world, due to its high crime rate. This may have been the reason for the outstanding skills shown in both armed and unarmed close combat that the two police officers had taught themselves. They had assimilated Western and Asian techniques, and in doing so had achieved real pioneering work. In 1940, William Ewart Fairbairn, 55 years old, and Eric Anthony Sykes, 57 years old, were friends who had almost reached pensionable age. Nevertheless, they travelled back to Great Britain together to offer the besieged nation their help.[2]

January 9th 1943: Commandos use F-S knives during close-quarter combat practice in Scotland. *Photo: Imperial War Museum (IWM) H 2661.*

At that time, special training camps were created all over Britain, in which not only the first volunteers for the Commandos, but also the first agents of the Special Operations Executive (SOE) were prepared for their initial missions. Fairbairn and Sykes were immediately commissioned as trainers for close combat. Fairbairn specialised in unarmed combat and knife fighting. Sykes taught the unarmed techniques as well, but his main focus was the combat use of different handguns. Despite the two grey-haired men soon educating a pool of other trainers, they remained unequalled in their skills, and were constantly travelling around the different training centres to encourage training standards of the highest possible quality.[3] Concerning knife fighting, the two experts soon became aware that the training of both civilian and military operatives in the use of bladed weapons had its shortcomings. This was caused almost entirely by the fact that a good fighting knife was virtually non-existent in the British Isles at that time. None were manufactured, and none were for sale.

May 2nd 1942: Portrait of a soldier from No. 3 Commando holding his fighting knife between his teeth, at Largs in Scotland. *Photo: IWM H 19269.*

28th February 1942: Commandos practise unarmed combat, Scotland. Photo: *IWM H 17469.*

3

First Prototypes in Shanghai

During his service in the SMP in Shanghai, Fairbairn had become a master of the blade. Knives and daggers of Western and Far Eastern provenance were available in the Chinese city in any variety, but none was found to be a useful tool for the gruesome business of the martial arts expert. Thus, in the beginning of the 1930s, Fairbairn had several prototypes of a dagger, that he had designed, manufactured at the SMP armoury. The blade steel that was used came from old Lee-Matford Bayonets, Model 1888, which were in store at the SMP arsenal. The Shanghai Municipal Police didn't issue them any more, and this made them available for such experiments.

According to the memories of a former US Marine who was stationed in Shanghai at the time and took part in the development of the knife, two fighting knives were usually made from one bayonet blade. Cut in two halves of equal length, the fighting knife blades were created from each half, and hardened and tempered after finishing. Due to the differences in blade geometry and cross section, the creation of the blades must have been done by forging rather than grinding. The original Lee-Matford cross section does not allow a double edged blade of the particular design to be ground. Due to this hobbyist approach to manufacturing, the blade lengths of the Shanghai knives vary between 4,80" to 5,63". The wooden handles are of a vase-like shape, and generally made of boxwood. In many cases, checkering is added in the middle portion. The handle already pre-empts that of the later F-S design, but has a much larger diameter. The crossguards are between 2" and 3" wide and made of aluminium sheet metal. The pommels are a cylindrical shape and made of brass. As the blade tang extends beyond the handle end, the pommel is drilled through and threaded and serves as a nut. The overall length of the knives varies between 9,13" and 9,76".[1]

Before Fairbairn and Sykes left Shanghai in 1939, it is likely that one or two dozen of these knives were manufactured at the SMP armoury. The people who were involved in the creation of these items were doing it more as a hobby or pastime. Their goal was not to manufacture as many knives as possible for profit, or to equip each policeman in the SMP with such a weapon. Thus, collectors must be aware that many fakes are offered on the market today. The very small number of Shanghai knives which can be reliably traced to Fairbairn and his colleagues are likely to be held by collectors already, and it is only on

An early example of Fairbairn's Shanghai knife.

the rarest of occasions that these items come up for sale. The ever increasing number of Shanghai examples offered, and the still greater variety of designs which are said to be of Shanghai origin, should make every serious collector even more suspicious. For example, the knife that is depicted in this chapter resembles exactly the Shanghai knives of proven origin, but itself lacks any reliable documentation. A serious collector will surely refrain from spending too much for it.

Besides some relatively coarsely made examples for everyday use, some very finely made knives were created in the SMP armoury which were produced using high quality materials and were finely engraved. These knives were made mostly as gifts or presentation pieces. They can always be traced to their original owners, but most are now in the possession of their successors. These items are described at their best in Samuel Yeaton's book, *The First Commando Knives*.

4

1st Pattern Fairbairn-Sykes Fighting Knife

In November 1940, William Fairbairn and Eric Sykes contacted the British War Ministry concerning their design for an ideal Fighting Knife based on their experiences in Shanghai. Their rough draft was accepted on a trial basis. Thus, the Chief Inspector of Small Arms recommended them to Sir John Wilkinson-Latham, Head of the Wilkinson Sword Company, London. They sought to discuss their design with him based on his experience as a mass producer of bladeware. At the first meeting, Fairbairn and Sykes introduced the industrialist to their drawings and one of their Shanghai-made specimens.

To convince Wilkinson-Latham of the importance of close combat skills, Fairbairn is said to have suddenly grabbed a wooden ruler from the surprised industrialist's bureau and simulated a mock attack on Sykes – who cooperated with the show. Although these two Captains of retirement age performed a very dynamic show for some minutes, they must have returned to the serious business at hand, as they finally came to a concluding design.

Captain Leslie J. C. Wood, SOE Station XII, was acquainted with Fairbairn and Sykes. He is believed to have been a strong supporter of their knife design's introduction. *National Archives HS 9/1618/7.*

The result of the meeting was the drawing of a symmetrically shaped dagger with a blade length of 7,48", a vase-like handle and an S-shaped guard.[1]

Fairbairn and Sykes convinced Wilkinson-Latham to arrange for the production of several prototypes, though the War Ministry had not yet given their approval. He commissioned Charles Rose, head of Wilkinson's experimental workshop, with the production of three first specimens. These were subsequently approved by the War Ministry and serial production started soon after.

As the order books from the Wilkinson Sword Company covering this time period have been lost, the only documentation about the production history of the 1st pattern F-S knife is found in the files of the secret service SOE. They give evidence of a first order for 50 knives, placed by Captain Leslie J. C. Wood on January 14th 1941 for delivery to the SOE station at Knebworth. Wood was acquainted to William Fairbairn and Eric Sykes, and at this time Second in Command of SOE-Station XII, located at Aston House near Stevenage, Hertfordshire – responsible for production and development of arms for the secret service, the Commandos and other special forces.[2] It seems to have been his influence that played a major role in the introduction of the F-S design. Only a few days later, he ordered 48 further knives for the SOE training centre at Weedon from where they were distributed to other SOE locations. The Commandos must have also received some of the first lots of F-S knives, but for these deliveries, no documentation is available in Army files.[3]

The 1st pattern F-S knife.

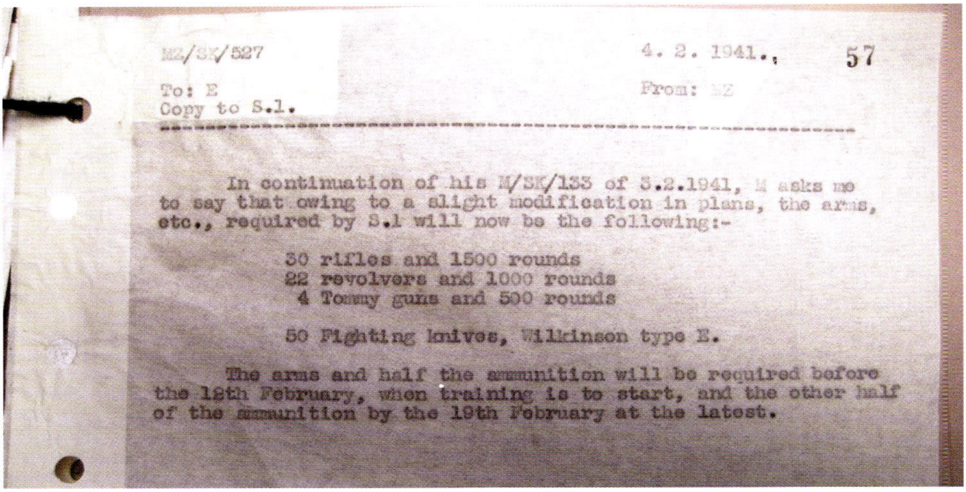

MZ/SK/527 4. 2. 1941., 57

To: E From: MZ
Copy to S.1.

In continuation of his M/SK/133 of 3.2.1941, M asks me to say that owing to a slight modification in plans, the arms, etc., required by S.1 will now be the following:-

30 rifles and 1500 rounds
22 revolvers and 1000 rounds
4 Tommy guns and 500 rounds

50 Fighting knives, Wilkinson type E.

The arms and half the ammunition will be required before the 12th February, when training is to start, and the other half of the ammunition by the 19th February at the latest.

February 4th 1941: The preparations for operation CLAYMORE demanded for 50 F-S knives. *National Archives HS 2/224.*

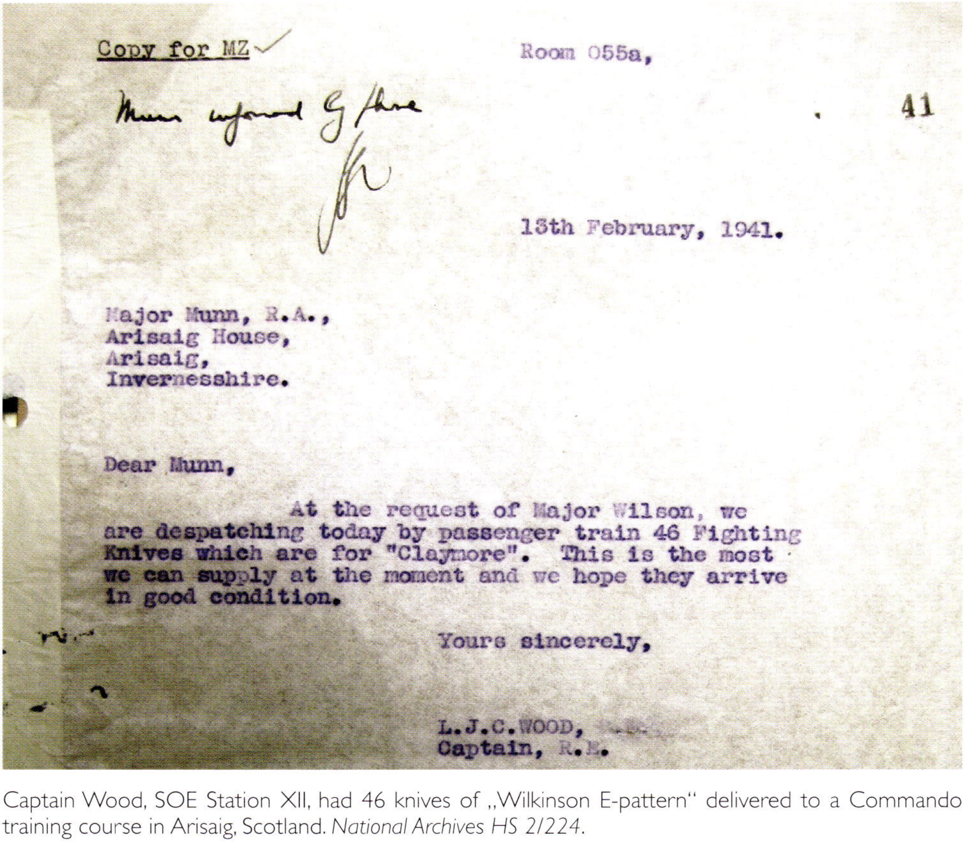

Copy for MZ Room 055a,

41

13th February, 1941.

Major Munn, R.A.,
Arisaig House,
Arisaig,
Invernesshire.

Dear Munn,

At the request of Major Wilson, we are despatching today by passenger train 46 Fighting Knives which are for "Claymore". This is the most we can supply at the moment and we hope they arrive in good condition.

Yours sincerely,

L.J.C.WOOD,
Captain, R.M.

Captain Wood, SOE Station XII, had 46 knives of „Wilkinson E-pattern" delivered to a Commando training course in Arisaig, Scotland. *National Archives HS 2/224.*

1st pattern knife with an additional „E" etched on the ricasso above the F-S inscription. Note the elongated ricasso to provide sufficient space for the letter.

There are some strong indications, however, that orders for the Commandos were, at least in these early months, handled by the SOE as well. This is proven by the fact that SOE-Captain Wood supplied F-S knives for one of the first Commando raids, operation CLAYMORE, on the Lofoten islands. During the preparations for this raid, the Commandos ordered 50 knives of the "Wilkinson E-pattern" from Wood February 4th 1941. The latter had 46 knives delivered by passenger train to the training centre in Arisaig, Scotland, February 15th 1941.[4] That it was in fact Fairbairn-Sykes knives that were used in this operation is proven by a very rare variant of the 1st pattern, which has a capital "E" etched on its ricasso. Only less than 10 examples of this variant are known to exist. Thus it could well be that they were part of the Lofoten raid lot and that during the very early stages of production, the F-S knife had really been designated as "Type E" among some official agencies.

This type of code seems to have soon been omitted again, as 1st pattern knives usually only feature the trademark of the Wilkinson Sword Company on one side of the ricasso. On the other side was the inscription "The F-S Fighting-Knife" – an unusual form of "branding" as far as military equipment is concerned. Wilkinson had the name "F-S Knife" copyrighted and only knives of Wilkinson manufacture carry this inscription.

1st pattern Fairbairn-Sykes Knife, F-S inscription.

It is surprising that neither Fairbairn nor Sykes seem to have ever received any royalties for their design, which was not manufactured in the thousands, but in the millions. The most likely explanation is that these two close combat experts may have seen their design as a patriotic contribution. It is also possible that they did not consider the design as their very own, as several other people in Shanghai and London had been involved in its creation.[5]

Coinciding with the first deliveries to government agencies, the knives were offered to the civilian market and Wilkinson-Latham was surprised by the great demand shown for the new fighting knife. Although servicemen were provided with the knife against a signed "chit" in the company's Pall Mall shop, eyewitnesses report that the shop was crowded with civilians as well on the first day the knife was available.

The F-S knife's guard formed a characteristic S-shape. The radius of the curves differs with each example, thus every guard must have been hammered by hand. Due

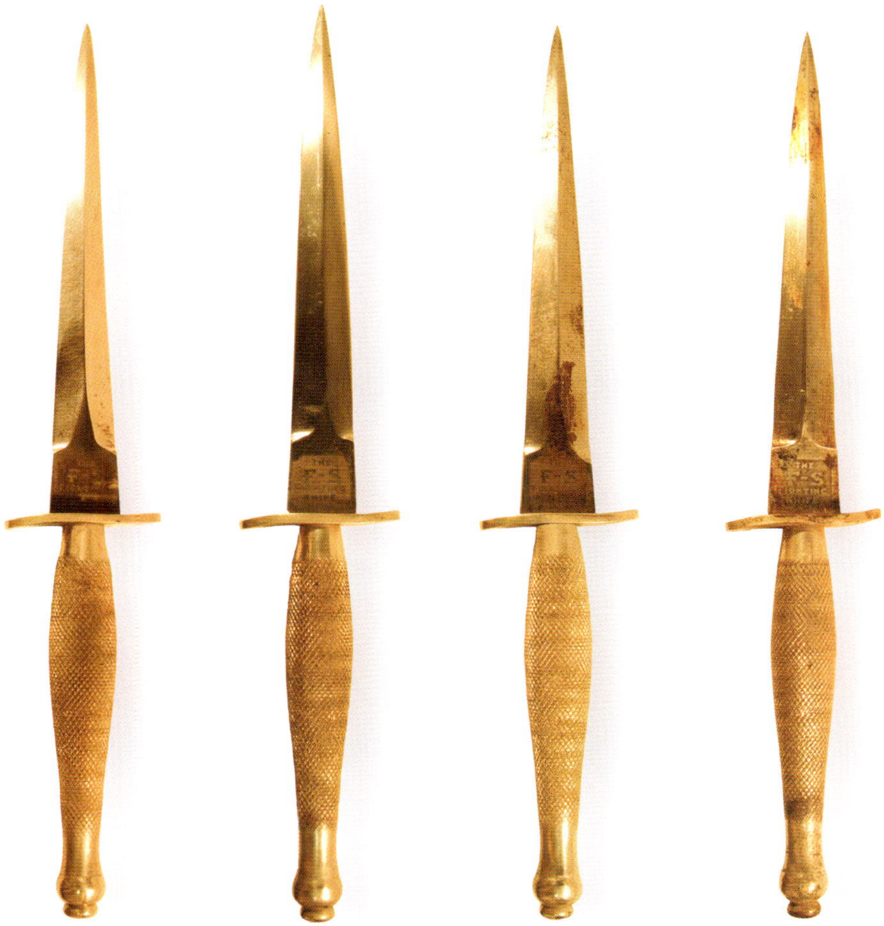

Different examples of the 1st Pattern make the variations visible.

to the slightly differing shapes, each blade had to be hand-fitted to its guard, which was both labour intensive and time consuming work. Each 1st pattern F-S knife is a unique shape. As an example, the ricassos of the hand ground blades vary quite a lot and the blade lengths differ a great deal.

The grip of the 1st pattern consisted of nickel-plated brass. It was turned and drilled on a lathe from solid stock. After polishing, a crosswise knurling was applied. The blade tang protrudes beyond the handle and is secured at the pommel with a nut.

At the end of January 1941, the SOE office in Knebworth received a further 150 F-S knives, and in March 1941 there followed an order for 50 sheaths. On April 29th 1941, SOE Captain Wood ordered 500 knives. According to the SOE files, Wilkinson manufactured a total of 799 1st pattern F-S knives for the secret services.[6] As an unknown number of knives had been manufactured for the Commandos and private sales, the total number of F-S daggers of this pattern is not known and it could well be several thousand.

Around the 1960s a variation of the 1st pattern appeared on the collector's market which is said to have been the very first design to have left the Wilkinson premises. It is distinctive only by its 3" crossguard; all the other parts are usually corresponding to the 2" variant. The knife is said to be the original design developed by Fairbairn and Sykes in their first meeting with Wilkinson-Latham.

Handmade – 1st Pattern F-S knife shows inaccuracies in its blade's grind.

Left: The blade of this 1st Pattern is asymmetrically ground.

An early example? – 1st pattern F-S knife with 3" crossguard.

The 3" guard was, according to these sources, shortened to 2" shortly after serial production commenced, due to its tendency to get caught in the user's clothes when the dagger was drawn. This theory does not seem too logical, as already the 46 knives of the second SOE-order can be traced back to the "E-type" knives of operation CLAYMORE, which had 2" crossguards. And these are equipped with 2" crossguards. This leaves only the 50 knives of the first SOE-order as possible knives with the 3" crossguard. But as these were intended for agents of the secret service SOE, it doesn't seem very likely that these were made with a guard that snagged so easily in the user's clothing – especially as the agents were usually operating in civilian disguise and had to carry their weapons concealed. Thus it could only be a so far unknown number of knives that had been manufactured by Wilkinson before the first SOE order; this could only have happened in the few weeks between the first meeting between Fairbairn, Sykes, and Wilkinson–Latham in November 1940 and the first SOE-order on January 14th 1941. Every collector should decide for himself whether he is willing to spend a price worth of several 2" guard 1st pattern knives to obtain an item for which authenticity no documentation is available.

5

Captain William Ewart Fairbairn A Man of Publicity

William Ewart Fairbairn, the youngest of 14 siblings, was born on February 28th 1885 at Mill End – a small country town near Rickmansworth, Hertfordshire. His father, George Fairbairn, was a cobbler, and his earnings barely sufficed to feed his large family. When William was 7 years old, his family moved to Croydon, East Surrey, which was located near the industrial suburbs on the outskirts of South London. From then on, the Fairbairns lived in a little cottage on a narrow unpaved lane amongst craftsmen's workshops, pubs and general hauliers – surely a tough environment for growing up.[1]

Fairbairn finished school at 15 and started an apprenticeship as a saddler. The business doesn't seem to have suited him as he soon decided to enlist with the Royal Marines. It

William Ewart Fairbairn at approximately 58 years of age. *Photo: Courtesy of Lynn Philip Hodgson – "Inside Camp X".*

must have been clear to the recruiting officer that young William was far from reaching the appropriate minimum recruiting age of 18, but his office supported the youngster in faking his date of birth, and soon the former saddler's apprentice became a recruit in one of the mightiest armies of the time.

During his basic training he received only the highest remarks, and his outstanding performance on the shooting range in particular was filed several times. After three years service, Fairbairn and 37 of his comrades were ordered to Portsmouth to board the HMS *Centurion* for duty in the Far East. The ship left port on November 10th 1903 and sailed to Hong Kong, with intermediate stops in Malta, Port Said, Aden, Colombo and Singapore. It reached its destination on January 1st 1904, and the following day Fairbairn continued his journey, together with 14 of his comrades, to Seoul, Korea, where he had volunteered for guard duty with the British Legation in Korea.[2]

His service time in Korea ended without any noteworthy occurrences or even fighting missions. Only one incident may have triggered the young soldier's interest in blaced weapons and the art of applying them in hand-to-hand combat. The British Legation guard were invited by their Japanese counterparts in Seoul to a sports competition with Judo, fencing, wrestling and bayonet fencing. Fairbairn recalled later that the Royal Marines had been quite proud of their skills in bayonet fighting and entered the competition with sound self confidence. This was totally shattered by their Japanese opponents, when all the British

The harbour of Shanghai. *Photo: Emil Landenberger (bpk).*

Nanking Road in Shanghai around 1935. *Photo: Axel Dieter Mayen (bpk).*

participants were beaten up badly with the wooden training weapons used – despite the fact that all participants had been very well guarded with protective clothing. The Marines took the challenge and trained hard in the following weeks, just to enter the competition one month later – this time with far better results. The now victorious participation by the British proved too much for the Japanese, who never invited the team again. When the very same Marines took part some years later in a bayonet fencing competition in London, the team was immediately disqualified because the jury rated the fighting techniques the team had adopted from the Japanese as "ungentlemanly conduct"!

After finishing his duty in Seoul, Fairbairn travelled back to England in 1905. Continuing his service with the Royal Marines, he soon made the acquaintance of his future wife Edith Catherine Clarke, who was employed as a nanny in the household of one of his superior officers. This young soldier in love travelled to Shanghai in March 1907, carrying with him a letter of recommendation signed by the very same superior officer recommending him as a future Constable for the Shanghai Municipal Police (SMP). In 1913, Fairbairn was able to return to England for a few weeks to marry Edith and to take her with him to Shanghai.[3]

The beginning of his service as an SMP Constable had a bad start. By himself, on a nightshift patrol in the narrow streets of the Bund settlement, he was ambushed in a lane and beaten up badly. It was for good reason that Shanghai held, at that time, the reputation of being the most dangerous city in the world. Already crowded with its Chinese inhabitants, the city also contained an International Settlement which was a magnet for soldiers of fortune and criminals from all over the world. These intended making their own luck through prostitution, drug dealing and any other criminal means. Robberies and murders occurred daily; a fact that didn't make the service in the SMP more agreeable. The international police force consisted of officers of many different nationalities, but was kept under British leadership.

The young Constable must have taken his baptism by fire quite seriously, because as soon as he was released from hospital he started looking for a teacher skilled in the Asian art of unarmed combat. During his Korean assignment he had learned about the effectiveness of the Japanese soldiers' close combat skills, and experienced how deadly even an unarmed man can be. In Shanghai's red light district, he finally found a Japanese teacher whose doorplate identified him as "Professor Okada – Jiu-Jitsu Teacher and Bone-Setter". Okada proved himself to be a reliable and skilled teacher in the art of Shinnoshindo-Ryu Jiu-Jitsu, the second oldest Japanese school of Jiu-Jitsu. Over the following 3 ½ years, Fairbairn attended Professor Okada's training facility almost daily and during his own time. He soon proved to be a very talented student. This is all the more surprising due to the fact that Okada only spoke Japanese and Fairbairn's only language was English. In 1910, when called to take care of a brawl in a local pub, the young police constable was able to overcome three drunken sailors with his Jiu-Jitsu skills and keep them restrained until other police officers arrived as reinforcement.[4]

Among the inhabitants of the multinational city of Shanghai, the young policeman, with his newfound interest in the martial arts, had no problem finding teachers for other disciplines of close combat. He soon gained knowledge of Chinese Pa-Kua, European boxing, French Savate and different kinds of wrestling. The Sikh officers in the SMP introduced him to Indian wrestling and the use of Lathi sticks.[5] From 1918, he was one of

SHANGHAI MUNICIPAL
POLICE

Manual of Self-Defence.

SHANGHAI
PRINTED BY THE CHINA PUBLISHING & PRINTING Co., Ltd.
1915

Half title of the *"Manual of Self Defence"*, First edition 1915.

the first Europeans to attend the Kodokan School for Judo in Tokyo. Kodokan is, to this day, the oldest and the most important Judo school in the world. During the following years he received training on several occasions at Kodokan until he was awarded the black belt (2nd Dan) on February 18th 1931 – an honour that was achieved by only a small number of Europeans before Fairbairn.

In the years prior to this, he had started to teach his newly acquired knowledge to his colleagues at the Shanghai Municipal Police. After a short time, his trainer function was approved by his superiors and from then on formed part of his official duties. In 1915, he published his first book based on his knowledge of the martial arts entitled the *Manual of Self Defence* for the Shanghai Municipal Police. The book was printed by the China Publishing & Printing C. Ltd. in Shanghai and was restricted to official use only, designed as a reference work for the police.

With this book, Fairbairn had laid the foundation for his martial arts system that he would stick to for the rest of his life. In the books that he published during the following decades, he added certain techniques or removed things that occurred to him to be no longer necessary – in principle his style was already fully developed in 1915. It consisted of an innovative combination of speed, element of surprise and offensive attack. Fairbairn stressed repeatedly that his system was in no way a matter of superior bodily strength. It was much more important to use the power that the opponent applied during his aggression to counter his attack.[6] In its combination of Western and Asian elements, the system was a complete innovation.

As the 1915 SMP Training Manual is long out of print and may be unavailable for most of the readers of this book, part of the introduction is quoted here:

"POLICE MANUAL OF SELF-DEFENCE

INTRODUCTION

As a rule, the operation of bringing a prisoner into custody in Shanghai does not present much difficulty. When once a Chinese offender is cornered he generally submits to his fate and goes quietly to the Station

Sometimes however, he offers a stout resistance and it then becomes the policeman's duty to overpower him without loss of time.

Muscular superiority will count for a good deal, of course, but even then, if used unskilfully, it may be no easy matter to get the better of an agile or desperate opponent who is fighting, possibly, for his life.

Moreover, unless the policeman has the advantage of strength, his efforts to do so are likely to result in an undignified struggle in which he himself may eventually be worsted.

Hence no member of the Force can reasonably afford to ignore the existence of a few simple methods whereby a refractory prisoner can speedily be secured and thereafter disposed of as required.

> These methods are adopted mainly from the Japanese science of Jui-jitsu [sic] and depend for their efficacy on the fact that the average man can bear physical pain only up to a certain point, beyond which he will submit to the will of the person having the power to inflict that pain.
>
> In Jui-jitsu much pain is inflicted by means of light blows on tender parts of the body, by pressure applied to nerve-centres and by leverage applied to limb joints.
>
> It is obvious, firstly, that your opponent's attack (if any) must be effectively countered; secondly, that he must be closed with and brought to a position of physical restraint and, thirdly, that compulsion in some form must be applied to make him do as desired.
>
> One of the essential principles of this science is to meet an attack quickly and by another form of counter attack; the suddenness of this will, in many cases, so bewilder your opponent that it will be possible to apply a hold from which he will find it impossible to extricate himself.
>
> In many cases an opponent's greater strength may be turned to his disadvantage, as, when any of the various holds described are correctly applied, the more an opponent struggles, the greater will be the amount of discomfort he will experience. [...]"[7]

During these years, an interest in knife fighting techniques was awakened. Fairbairn's studies in what he used to call "gutter fighting", had led him to the conviction that at close range, after a firearm, the knife was the most dangerous if not the most deadly weapon. Thus he studied not only defensive techniques against knife attacks on a large scale, but also the use of the knife in defence and attack. Again, he drew useful insights from his knowledge of Asian martial arts. But for his choice of the ideal fighting knife, he stuck to his European background. As his search for a readily available knife had been in vain, he had a knife of his own specifications manufactured: his "Shanghai type" fighting knife that has been previously described. This prototype of the later F-S knife was a double edged dagger with a sleek pointed blade, straight crossguard and a vase-shaped handle. In its design, the weapon clearly resembled a type of dagger that had been in use in most European countries for centuries.

With these knives, Fairbairn and his colleagues trained in the art of knife fighting, and defending against a blade with one's bare hands. It is remarkable that they do not seem to have used dummy knives during their training, as the martial arts expert recommends in his later books. They seem to have practised with razor sharp blades that are said to have resulted in several injuries; as in the case of one of Fairbairn's fellow police officers who the martial artist accidentally injured with a long cut across the ribs.[8] The master himself is also said to have once received such a "blessing" – in this case by his very own hand. He used to carry a shortened F-S knife in a sheath that was attached inside his left hand trouser pocket. When resheathing the razor sharp blade after training, he missed the sheath and cut himself badly in the thigh.

In 1925, after achieving his brown belt (3rd Dan) at the Kodokan School, Fairbairn started working on a new edition of his self defence book, which he wanted to make available to the public as well. The book was published in 1926 under the title *Defendu*. With this newly created word, Fairbairn gave his martial arts system an unmistakeable name which is still used today and is found in the curriculum of the British Police. The origin of the word "Defendu" is unknown, but several possible explanations exist regarding its creation. One possibility is that he simply created an onomatopoeic word from the phrase "Defend you". Whatever the origin, the word shows Fairbairn's talent for creating striking and saleable branding – a quality that remained through to the later "F-S" brand. In 1931, after achieving the black belt (2nd Dan) at Kodokan, his next book, *Scientific Self-Defence*, was published with further finer tuning of the Fairbairn system.

Through these years, the training he provided to his fellow police officers made greater demands of his time and expanded his duties with the SMP. He was responsible for the training of unarmed combat, which was later extended to include the complete shooting training. In addition Fairbairn was commissioned as leader of the "Riot Squad", a newly formed department intended to suppress uprisings in the local population. In this new role, he began to experiment with new tactics for riot control and constantly sought to improve the equipment for his unit. For example, he tested the use of different firearms, teargas, armoured cars and much more. By doing so, he accounted for many innovations and was a real pioneer of modern "SWAT" teams.[9]

Fairbairn's training methods may have been based on his experiences in the martial arts. This led him to the opinion that the basis of any police training must incorporate the ability to handle the stress of an action situation. His years of police work had shown him that at this point lies the dividing line between success and failure in combat situations. Thus, before his trainees entered the shooting range, he required about an hour of hard physical exercises from them which gave them the pulse rate and breathing of a man under extreme danger. He also designed a new kind of shooting range that went beyond a few cardboard targets and a wall of sandbags. It was more a "house of horrors", consisting of a building with narrow aisles and staircases and rooms that were kept in semi darkness. When a trainee entered the building, targets popped up which had images of either criminals or hostages printed on them. These were activated from outside the building, from where flashing lights, smoke and even sounds like gunshots and the like could also be engaged by remote control. With this, Fairbairn anticipated modern combat shooting ranges and was, again, a pioneer. Shooting at static targets from a static position, as in sports target practise, which had been the basis of police shooting training before Fairbairn's innovation – was something he condemned as being inadequate as a preparation for real combat situations.[10]

By now, Fairbairn and his wife had three children. In Shanghai, the salary of a Special Constable was higher than in Britain and the purchasing power of the currency was quite strong. Consequently, the family had reached a social standard which would have been unobtainable had they stayed in Britain. The Fairbairns lived in a spacious flat at Tsongchow Road 108, had several servants, and took part in social activities with the British community in Shanghai. William Fairbairn had a very good reputation not only in the Shanghai Municipal Police, but among the citizens of Shanghai as well. The daring actions of his riot squad often made headlines in the local newspapers, such as the "Shanghai Morning Post". Long articles brought attention to street fights or sieges that the elite police force had contained. For this reason, his name and his reputation may have travelled ahead of the close combat expert back to his home in Britain – perhaps bringing him to the attention of the right people in the War Office and secret services.[11]

In his permanent struggle to improve his men's equipment, Fairbairn experimented with the different firearms of several manufacturers. When he decided to select the Colt pistols of .380 and .45 calibre as sidearms for his police officers, he made the acquaintance of Eric Anthony Sykes, who at that time was the representative of both the Colt and Remington firms in Shanghai. The British businessman pleased Fairbairn with his expertise and knowledge of all aspects of firearms and combat shooting. This is quite remarkable, as nothing is known about a military career for Sykes before, during, or after World War I.[12] The documented part of Sykes' curriculum vitae proves in many areas to be quite fragmentary.

6

Eric Anthony Sykes the "Man in the Background"

The companion of Fairbairn was born February 5th 1883 as Eric Anthony Schwabe at Barton-on-Irwill, Lancashire. His father, Lawrence Schwabe, was of German origin, and was engaged quite successfully in the cotton trade in Britain and overseas. He had been introduced to this business by his wife Octavia, born Ermen, whose family had been involved with the cotton trade for several generations. Much in contrast to the Fairbairn family, the Schwabes belonged to the upper middle class. Eric Anthony had only one brother, Randolph – another difference between the Schwabe family and the Fairbairns.[1]

Nothing is known about the childhood and adolescence of the young Eric Anthony, and this remains the case until 1907, when he travelled to Shanghai to try to make his

Eric Anthony Sykes as a Captain in the British Army. *National Archives HS 9/1434/1.*

fortune in the international settlement. Although his family ran part of their business in the Far East, he does not seem to have been involved in his family's affairs, pursuing his own business interests instead.

On May 31st 1917, he had changed his name from Schwabe to the more British sounding Sykes; most likely because of the anti German feeling in the local community.[2] This was not unusual at a time when the majority of British families had lost one or more family members in the battles at the Somme and Verdun fighting against the "Hun". Inevitably, anything that sounded or seemed of German origin had a bad reputation. It is not known why Sykes was not drafted to participate in the war raging at this time. His business activities in Shanghai cannot be completely traced back either. He seems to have been connected with several businesses, one example being as a real estate agent for the local S. J. David company. During the 1920s, he was known as a skilled marksman and big game hunter in Shanghai and his expertise as a firearms expert was unchallenged. He was also an organizer of hunting trips for the wealthy during these years. It seems perfectly natural then, that he became the local representative for large American firearms manufacturers.

The exact date when Fairbairn and Sykes met is not known, but it is certain that in 1926, Sykes became a special constable in the reserve unit of the Shanghai Municipal Police, in which civilians supported the officers on a voluntary basis – most likely as a result of their acquaintance. Soon, he became the leader of the Police Sniper Unit and, together with Fairbairn, was responsible for the officers' shooting training. During this time he married Catherine Powell, an American divorcee from Reno, Nevada.[3]

One of the first products of the cooperation between Sykes and Fairbairn was the training manual *Shooting to Live*, in which they introduced the shooting practise they had developed. The handbook revolutionized the combat use of handguns. They were amongst the first to pay attention to the factor of stress as an influential element in combat situations. In this, they drew on their plentiful experiences gained from numerous firefights with criminals in Shanghai. For several reasons, the manuscript of their book remained unpublished for years after its completion. It was finally published for the first time in 1942 in Great Britain. Because of its continuing relevance, it remains in print to this day.[4]

Sykes' life is altogether more obscure than that of Fairbairn. This may have been caused by his personality – perhaps simply lacking the wish to publish his tremendous knowledge about close combat in books. He seems to have been the more timid or reserved of the two men. Nevertheless, many of his trainees described him as even harder and deadlier than Fairbairn when it came to armed or unarmed combat training. This didn't seem to fit with the appearance of the bespectacled, elderly man, easily misleading his contemporaries to underestimate his skills. It would be incorrect to think of Sykes as the "assistant" of Fairbairn. Instead, it is perhaps better to view him as an independent character, who was alongside Fairbairn, playing an active role in the development of the F-S Knife.

Many researchers have expressed the suspicion that Sykes had worked for the British secret service in the 1920s and 1930s. But Sykes' SOE file contains an inquiry from May 16th 1940 in which the SOE inquired of MI5 as to whether anything was documented about the Shanghai businessman. The counter-intelligence and security agency's response was quite inaccurate concerning Sykes' age, which was stated in the reply as being "30 to 35 years" – some 20 years too young. The agency also speculated as to whether Sykes may have been identical to a Mr. Sarx, who was known during the period as an inactive member of the Communist Party of England.[5] If Sykes had been an agent for a British secret service, surely MI5 would hold more information about him in its files.

Their work as trainers for the SOE and Commandos placed Fairbairn and Sykes in the fortunate position of being able to promote their "Fairbairn-Sykes Fighting Knife" to the military and the secret services. Assigned as Captains in the SOE almost immediately after their return from Shanghai, they led the close combat training for secret agents and elite troops and travelled all over the country as real "salesmen of death" – training both personnel, and future trainers to be.[6] In doing so, they cultivated a sustained interest in their fighting knife – seen from the present day as an ideal marketing strategy.

7

The 2nd Pattern Fairbairn-Sykes Fighting Knife

The growing demand for F-S knives necessitated an increase in production. The original design had to be altered in order to reduce the working hours required to produce each piece. From June 1941, Wilkinson started work to create a simplified model – the 2nd Pattern.

At first glance it differed from the preceding pattern by the now straightened crossguard, which was stamped from 0,12" steel sheet metal. Its flat surface was much easier to fit to the blade shoulder, whereas the S-shaped crossguard needed to be hand-fitted to each individual blade.

The next distinctive feature was the blade. This was no longer ground entirely by hand, a process that gave it the previous ricasso length of 0,4" to 0,8". The new blade was drop-forged and partly machine ground, which reduced the ricasso to a small triangle, about 0,2" by 0,2", at the nearest point to the handguard – most probably the result of a vice which held the blade during the machine grinding process. The final grind was still done by hand.

The first lots of 2nd pattern F-S knives were still equipped with the handle of the 1st model, which was turned and drilled on a lathe from a solid brass stock. To make manufacturing easier, a handle was introduced at some stage which was made from a hollow casting that only had to be finished on a pre-set lathe. This was a task that could be carried out by an unskilled worker. These handles are usually a few millimetres shorter and very slightly slimmer than those of the 1st model F-S knives. Quite a few of the cast handles of the 2nd pattern show minor casting defects, like little grooves or flat spots in the otherwise curved surface. If this was in the knurled area of the handle, the knurling was usually applied over these defects.

The 2nd pattern F-S knife in the most common all-black finish.

The triangular remains of the ricasso at a 2nd pattern F-S knife.

That Wilkinson was the first company to introduce the 2nd pattern F-S knife is proofed by some very rare examples bearing the Wilkinson Sword logo and featuring a crossguard that seems to have been made from a flattened 1st model crossguard. Most of these rare knives have a blade showing the slim silhouette of the 1st model blades but with the ricasso ground off. Some even have the 1st pattern handle. These knives must have been made from 1st pattern parts still in stock at Wilkinson's. When the new design was accepted by the military the economy in wartime Britain didn't allow these parts to be wasted, so everything was turned into serviceable knives – even if this meant deviating from set tolerances. It is noteworthy that at least two of these variants the author was able to examine featured a ground off pommel nut. As the handles of both of them still had a tight fit, the tang end must have been well peened during assembly to hinder the handle from sliding off backwards. The reason for omitting the pommel nut on these two specimen remains unknown.

Transitional model from 1st to 2nd pattern of Wilkinson manufacture: The before curved crossguard has been flattened by hammering.

Despite the ground-off ricasso the F-S signet has been applied. Note the ground-off pommel nut.

Left: An early example of the 2nd pattern F-S knife with brightly polished blade and nickel-plated handle.

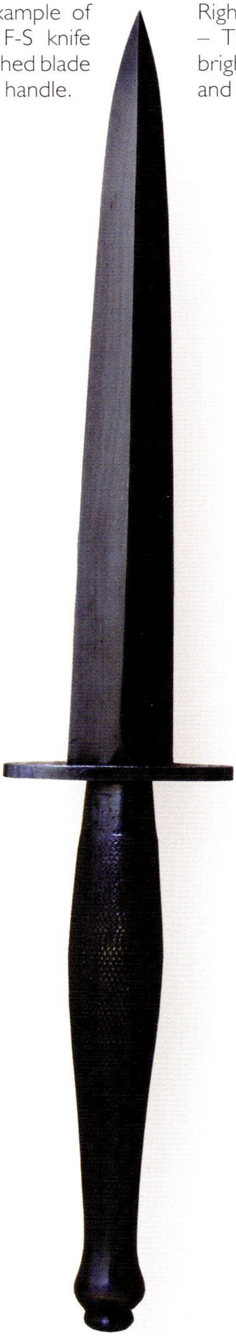

More often to find – The 2nd pattern in the all-black finish.

Right: The rarest variant – The 2nd pattern with brightly polished blade and black handle.

In spite of this also the 2nd pattern knives of later series production show certain deviations to the standard pattern. Their total blade length from tip to shoulder tends to vary from 6" to 7,1". The original Wilkinson production drawings from October 1942 allowed a tolerance of 6,75" to 7". At the blade shoulder, a width of 0,88" was set plus or minus a tolerance of 0,03", but collectors may encounter genuine Wilkinson blades which may differ from this standard. In peacetime a renowned manufacturer like Wilkinson would never have allowed such deviations. In wartime Britain, many stages of knife production were performed by previously unskilled workers. Thus, the standard became lower, but serviceable knives continued to be produced. Of course, very short blades can be the result of a repair job, as a broken blade could have been re-tipped. In some cases this has been done professionally and the blade appears to be a perfect shape with no grind marks or other traces of having been worked at.

The machine production methods allowed far greater numbers of knives to be manufactured. This corresponded to great demand shown for these specialized killing tools. As the first orders were received from the secret service SOE, it is possible to date the beginning of delivery of 2nd pattern knives at Wilkinson. The agency ordered the last 51 knives of the 1st pattern on August 11th 1941. The day after, an order for 500 knives of the "new design", as it was named in the Wilkinson order books, was placed by the secret service. Surprisingly, on the very same day, Wilkinson received another order signed by the same officer for the amount of "5 gross" of the "new design", i.e. 720 knives.[1]

Wilkinson produced the first 2nd pattern knives with brightly polished blades and a nickel-plated handle corresponding to the finish of the 1st pattern. But soon the company changed the knives' appearance to an all-black finish. The blades were blued by heat treatment and the handles dyed by a chemical reaction. An extremely rare variant of Wilkinson manufacture featured a brightly polished blade and a black handle. All three variants were purchased by government agencies and also sold on the civilian market.[2]

Knurling of the handle of an early 2nd pattern F-S knife.

The handles of the 2nd pattern F-S knives of later manufacture show a different knurling.

Inferior manufacturing quality: The crossguard of this 2nd pattern F-S knife shows a gap where the tang protrudes into the handle.

2nd patterns originating from Wilkinson can be divided into two different types. The knurling of the early series production is slightly coarser and has a shallower cut. Examples of later manufacturing dates are finer and more deeply knurled.

Compared to the mostly handmade 1st patterns, the manufacturing quality of the 2nd model was inferior. Due to the sleek, almost fragile construction of the knife, tough handling in the field began to leave its mark. Soon, a consignment of 67 knives were returned to Wilkinson for repair as they were damaged whilst in service or during training operations.[3] The number of knives damaged in the field could be much higher of course, as Commandos or SOE-Agents who were evacuated from enemy territory were not likely to take a knife which had become useless, perhaps because of a broken blade, to have a repair job done.

The change from the 1st to the 2nd pattern F-S knife also brought an alteration in the design of the knife's sheath (*see* p 50). Previously, the knife was secured in the sheath by a leather strap which was closed by a stud of the "Newey" brand. It is possible that reports from the field may have criticised the stud as being difficult to open and close with cold or wet hands or with gloves on. The design was changed to a rubber band which only had to be slipped over the knife's pommel to release it from its sheath.

1st and 2nd pattern F-S knives.

Common sheath belonging to a 1st pattern F-S knife.

The 2nd pattern F-S knives' sheath is of a slightly different design, here, as so often, with the rubber band retainer in very bad condition.

Most of the 2nd pattern F-S knifes made by Wilkinson have a pommel nut of more or less "donut" shape. There is a rare variant that shows a much flatter nut, being only 2/3 of the thickness of the standard one. Other equally rare examples have a nut of nearly spherical shape. This nut is a blind nut, i.e. the hole is not drilled through to the top. Moreover, it is connected to a tubular extension which fits into the handle. This meant that the tang on these knives did not need to be shortened after the nut was applied. Whether this design feature was trialed to further ease production or whether this kind of fixing was stronger is not possible to conclusively determine.

The production numbers now grew significantly. By December 26th, 1941, Wilkinson had manufactured 2,150 2nd pattern knives for government agencies. By 1945, Wilkinson had manufactured 56,000 examples of the 2nd pattern.[4]

A B C D

A) Typical donut shaped pommel nut of a 2nd pattern F-S knife. B) Rare specimen: 2nd pattern F-S knife with flat pommel nut. C) Rare specimen: 2nd pattern F-S knife with domed pommel nut. D) Equally rare: 2nd pattern F-S knife with spherical shaped pommel nut.

With the introduction of the 2nd pattern, companies other than Wilkinson started to manufacture F-S knives. Today, it is almost impossible to trace the overall production numbers of this F-S variant. The reason for this is that Wilkinson was unable to meet the ever growing demand for the bladed weapon. Whether this was done with the approval of either Wilkinson or the knives' inventors, W. E. Fairbairn and E. A. Sykes, is not recorded. As none of the knives from other manufacturers featured the inscription "The F-S Fighting Knife" etched on the ricasso, this may not have happened. Nevertheless, it can be fully verified that government agencies ordered knives from manufacturers other than Wilkinson. Among these, only J. Clarke & Son of Sheffield can be positively identified, as the firm stamped their trademark onto the crossguard of at least some of the knives they had manufactured. Most of these are exacting copies of the Wilkinson 2nd pattern, as Clarke had been provided with the original Wilkinson production drawings by the Ministry of Supply.[5]

A distinctive feature that is usually ascribed to knives of Wilkinson manufacture, is a mark on the pommel nut which must have been unintentionally applied. The company used a special vice to fasten the round pommel nut. The crosswise grooves of the vice's jaws left two characteristic corresponding marks on the otherwise smooth surface of the nut. These are found on all knives manufactured by Wilkinson. As some of the F-S Knives from other manufacturers show these characteristic "fingerprints", it seems likely that Wilkinson

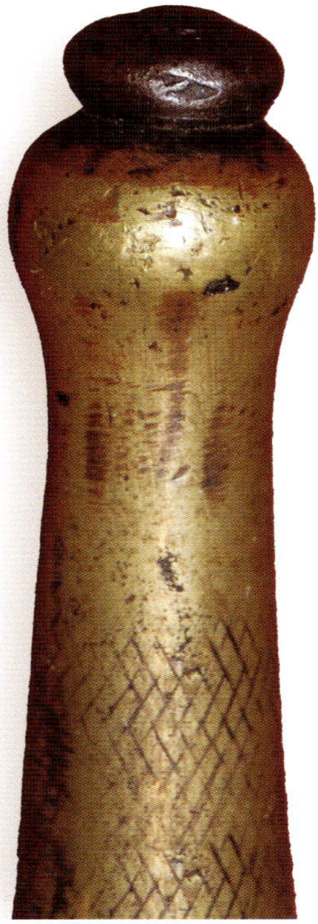

Left: Vice marks on the pommel nut of a 1st pattern F-S knife of Wilkinson manufacture. Right: The same vice marks are to be found on 2nd pattern F-S knife of Wilkinson manufacture.

must have been involved either in the assembly of these knives, or provided the machinery for their assembly. Some knives from other manufacturers do not show these marks, thus they must have been finished completely without the involvement of Wilkinson.

For unknown reasons, Clarke & Son manufactured a variant of the 2nd pattern F-S knife which is distinguished by its wider handle cross section. The hilt doesn't feature the vase-like shape of the standard F-S pattern, but rather, a spindle-like shape which has equal diameters at the ferrule (i.e. the part of the cast between the upper end of the knurled part and the crossguard) and at the waisted section near the pommel end. The pommel itself is almost spherical in shape and its cross section is wider than that of standard 2nd pattern knives. As most of the 2nd patterns with this clumsy handle are unmarked, it is difficult to trace their origins. Nevertheless, some rare examples carry the trademark of J. Clarke & Son and quite a few of the unmarked ones may be their product as well. Other examples of this variant seem to have originated in the USA, where it would seem that Landers, Frary, & Clark in New Britain, Connecticut, produced an F-S knife with a similarly shaped handle.[6]

2nd pattern F-S knife with larger handle, compared to a standard 2nd pattern.

Enigma now solved: 2nd pattern F-S knives with "B2" stamp mark.

Another 2nd pattern with "B2" stamp mark.

The knives from manufacturers other than Wilkinson or Clarke do not appear to have ever received a trademark or other means of identification, making it very difficult in many cases to trace their origins. This is especially true for a variety of the 2nd and the later 3rd pattern that were not manufactured by Wilkinson but resemble their product in detail. As these knives all bear the acceptance stamp "B2" together with the Broad Arrow, they are typically regarded as "B2" knives. Due to their close resemblance to the Wilkinson knives, which even includes the same vice marks on the pommel nuts, it had been assumed in the past decades that they were Wilkinson products that had been delivered anonymously for a very special contract. Only recently, it had been suggested that this lot may have been manufactured by the Birmingham Small Arms Company (BSA). This is based on the fact that BSA had marked many of its products during World War II with a Broad arrow and the letter "B", combined with a number, such as "B5" or "B15". Thus, it seems likely that BSA had been supplied with the Wilkinson drawings and maybe tooling as well. Their 2nd pattern F-S knives are easily mistaken with the original product. BSA seem to have been quite a strong competitor to Wilkinson regarding contracts for military agencies or the secret services. It is recorded that the latter felt urged to speed up production output when in February 1943 it became known that BSA was going to increase production numbers of the much sought after daggers.[7]

In some rare cases, it can be proved that manufacturers delivered single components like blades or handles, tooling, or possibly complete knives to other companies that acted as resellers. These only had to assemble the component parts and stamp their trademark on the finished knives. This is true, for example, of the knives that have the trademark of J. & I. Marshall etched on their blades. The Glasgow based cutlery retailer and military tailor is not likely to have manufactured any knives, and it is assumed that the firm bought the already finished knives from either Wilkinson or Clarke.[8]

8

The 3rd Pattern Fairbairn-Sykes Fighting Knife

In September 1942, the ever increasing demand for F-S Knives required a change of design again. This was necessary not only to improve mass production, but also to save scarce raw materials like brass which were in short supply in wartime Britain.

This time the alterations applied mostly to the handle. Previously, it had been made of brass with a knurled gripping surface. Now, the handle was cast from a zinc alloy, a design which is presumed to have originated from the Sheffield firm of Joseph Rodgers, who were the first to produce this design. The gripping surface now consisted of 27 concentric rings instead of the knurling. The length of the handle was reduced by about 0,25".[1]

On most 3rd Pattern knives of British wartime production, the pommel bears an embossed digit numbered between 1 and 4 (*see* p 59). Many collectors mistakenly consider these numbers to be coded manufacturers' marks or a hint about the year of production. On the contrary, they simply prove that the majority of castings during the war were produced by the same company, the Wolverhampton Die Casting Ltd. of Wolverhampton, Staffordshire.[2] The company used a mold in which four castings were produced in one working process. The four parts of the mold were numbered to allow quality control. These digits are still visible on the knives.

Soon after Wilkinson had introduced the 3rd Pattern, the British Ministry of Supply ordered the first 10,000 knives of this new design. These quite large quantities, compared to preceding orders, not only show that these knives were in urgent demand from the military, but also that the 3rd pattern could be manufactured more quickly and much more economically. Wilkinson does not seem to have given this saving back to his customers at first. At this point, the Ministry of Supply started to bargain the price and held out the enticing prospect of a much larger order subject to the price being acceptable. When Wilkinson lowered the price by about 10%, the Ministry immediately placed an order for 154,000 knives in October 1943.[3] The total number of 3rd Pattern FS-Knives produced is impossible to determine as too many manufacturers and contractors were involved worldwide. Companies such as Joseph Rodgers, John Watts, BSA, or George Ibberson received large orders from the Ministry of Supply for the 3rd pattern. It is known that Wilkinson produced up to 1945 a total of 250,000 F-S knives for the British government, of which 163,656 were

The 3rd Pattern Fairbairn-Sykes Fighting Knife.

Pommel of a 3rd Pattern, mold No. 1.

A specimen from mold No. 4.

A specimen from mold No. 2.

A specimen from mold No. 3.

3rd Pattern models. Of all F-S models produced by Wilkinson a total of 3019 were delivered to the SOE. Wilkinson also produced additional knives for the civilian market in large numbers. Unfortunately, the company did not keep any documentation for these lots. It is estimated that up to 1945 the combined manufacturers together produced a total of 2,000,000 3rd Pattern knives.[4] Up to the 21st century, that total could very well be up to 6,000,000 knives ranging from the cheapest copies from Taiwan or China to handmade pieces from renowned knifemakers.

Knives manufactured by Wilkinson are usually easy to identify. The blades must correspond with the standard Wilkinson profile which consists of a perfect grind and finish. They are blued by heat treating rather than being parkerized. Also the handles must be perfectly finished with the casting burrs cleaned out, especially between the ribs. Grip and crossguard must be fitted with tight tolerances. The crossguard itself must conform to the oval shape already known from the Wilkinson 2nd patterns. The thickness must be about 0,12" and the finish as perfect as that of the blade. The pommel nut must be of Wilkinson pattern and bear the typical vice marks. If a sheath belongs to the knife, it must be one of the Wilkinson type known from the 2nd Pattern model.

The blade of a 3rd pattern F-S knife of Wilkinson Production.

Perfectly ground: blade tip of a 3rd pattern of Wilkinson production.

Also the pommel nuts of the 3rd patterns show the typical vise marks.

Well finished: Wilkinson took great care in removing the casting burrs on the handles' sides.

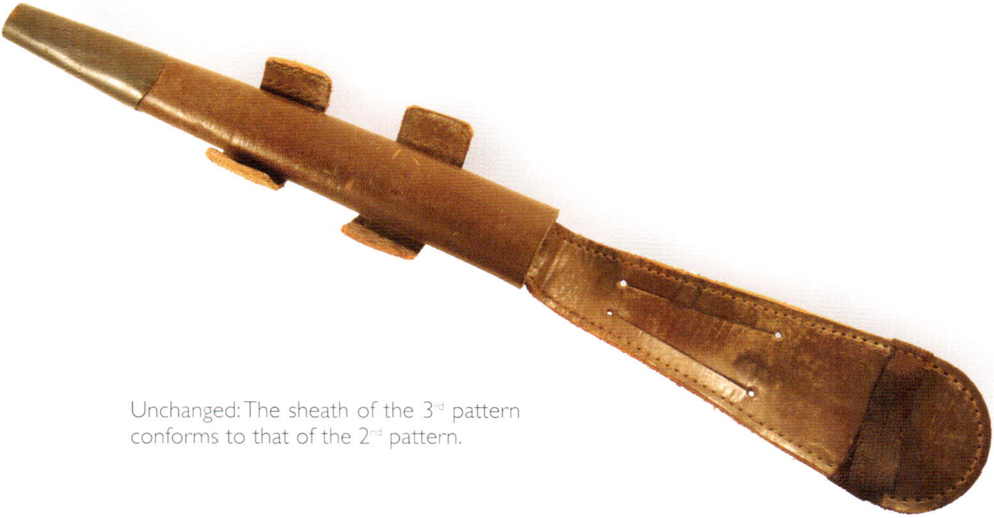

Unchanged: The sheath of the 3rd pattern conforms to that of the 2nd pattern.

Most common to find: 3rd pattern F-S knife in all-black finish.

On the handle of this 3rd pattern the black coating is worn out, whereby the underlying copper layer becomes visible.

Extremely rare: 3rd pattern with bright polished blade.

The majority of 3rd Pattern F-S knives were issued with an all-black finish. The blade was blued by heat treatment after polishing, a procedure which created a deep blue shiny surface. Some manufacturers other than Wilkinson seem to have chemically blackened their blades by Parkerizing. The handles, consisting of a zinc alloy, had to be copper plated before they could be blackened. In some instances the black layer seems to be the result of another chemical reaction. Other variants simply appear to have been painted black. All Wilkinson manufactured knives have the shiny blue blade. Only a few variants exist which have a brightly polished blade. These seem to have been manufactured for sales to the civilian market, for example, through the Wilkinson shop on Pall Mall.[5]

It is not uncommon to find 3rd pattern knives of Wilkinson manufacture bearing the same Wilkinson and F-S logo as most of the 1st and 2nd patterns. But given the large number of 3rd pattern models that Wilkinson produced, it is surprising how difficult such knives – with full F-S and Wilkinson logos etched on the blades – are to find. It would seem logical that most of the 3rd pattern models leaving the Wilkinson factory would bear these etchings, particularly as the company used machines capable of etching as many blades as could be produced. The step from handmade to mass produced knives cannot be the reason for a possible omitting of these characteristic etchings.

A reason for this can be connected to the fact that from 1943, it became more and more common for British manufacturers to hide the origin of the military equipment they produced by a code system.[6] Thus, it could well be that Wilkinson omitted their company logo and the F-S inscription despite the knives never receiving a coded trademark. As the reason for the introduction of the code system had been to hinder the enemy's ability to trace the British production of war materials, it seems logical that a company might deliberately avoid putting their trademark on such items.

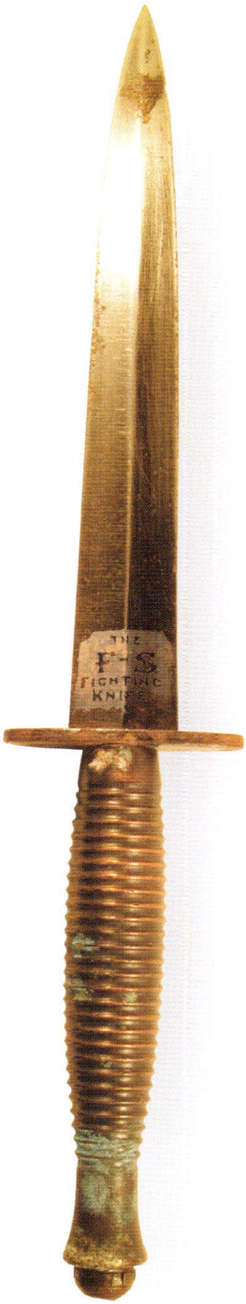

3rd pattern Fairbairn Sykes knife bearing the F-S signet.

The existing examples of 3rd pattern knives bearing the Wilkinson logo and F-S inscription may be part of production lots made from the outset for the civilian market. As there are no production records preserved that could show the ratio between military and civilian production, it is not possible to compare this to the survival rate of the all-black 3rd pattern knives with and without logos.

The above mentioned variants with brightly polished blades may serve to solve this enigma. The existing examples, compared to the existing all-black models, carry a far higher ratio of Wilkinson etchings. This may be taken as proof that it was the knives manufactured for military issue that were left "anonymous". The existing knives with brightly polished blades that do not bear the company's etchings may have been altered by their former owners. The blued blades, after repeated sharpening and hard usage, tended to be scratched and took on quite a grubby, scruffy look. During a leisure hour many a user may have taken a fistful of sand or a pebble stone to polish the blade of his personal knife. This is most easily done, even by someone with no previous experience.

There is a theory relating to the omission of the Wilkinson and F-S etchings after the first few thousand 3rd pattern knives were produced. In the early production runs, Wilkinson used hand finished blades similar to the ones used for the 2nd pattern and some of these blades carried the recognised etchings. For the purpose of increased production, the company slowly switched over to machine finished blades which were drop forged, hardened and tempered, and then finished on a pre-set flat bed grinder.[7] During this transition period hand finished blades continued to be manufactured, and it is likely that they carried the company and F-S etchings. All of the existing examples with an etching feature hand finished blades – regardless of whether they were black or brightly polished. These would have been made at an earlier stage of 3rd pattern production. No machine finished example with a Wilkinson or F-S etching has ever been recorded.

Collectors should not be confused by the fact that the length of the hand finished and also the machine finished blades varies quite a lot. A range of 6,85" up to 7" can be encountered. The overall length of the knives varies from 11,28" to 11,75". With the hand ground blades this is not so surprising, as production time per blade was limited by the pressures of the enormous war effort and no doubt each craftsman had his own unique "hand". The machine finished ones may have varied from one production lot to the next due to new adjustments being made to the pre-set grinders.

It is still possible to identify 3rd pattern F-S knives made by Wilkinson through the typical indentions of the vice clamp which was used to fasten the pommel nut. This is identical to those marks on 1st and 2nd patterns. This, combined with the high standard of manufacturing quality: the exclusively polished blades, the perfect fit between grip and crossguard, and the cleanly finished handles on which all casting burrs were neatly removed, counts for a Wilkinson made knife.

Opposite (far left): 3rd model of the FS-knife with traces of hard use – At first glance the blade seems to have been bright polished upon delivery but a closer look reveals, that it had in fact been blued.

3rd pattern FS-knife with machine ground blade.

3rd pattern FS-knife with handground blade.

As with the 2nd pattern, the pommel nuts of the 3rd pattern tend to vary in shape and size. Most common are again the donut shaped ones, which may vary in height and diameter. These are observed in the majority of the existing 3rd patterns. Also domed nuts of different size and shape are common. Examples with flat slotted disks are in most cases postwar manufacture.[8]

In spite of the high manufacturing quality of Wilkinson knives, some Wilkinson knives have an interesting feature. It is visible at what can be considered the ferrule (i.e. the part of the cast between the upper end of the ringed part and the crossguard). This bears, at its sides, radial indentions that seem to follow the indentions between the rings, but are less deeply cut. These are most likely the result of sloppy manufacture, as they seem to originate from a grinding wheel that was used to remove the casting burrs on the sides of the handle. To reach the indentions between the rings, a grinding and polishing wheel of corresponding shape had to be used. To speed up production a row of identical wheels with correct spacings may have been used. If that was moved too close to the guard, some of the grinding wheels may have removed metal from the ferrule area, where no rings or indentions were intended

An examination of F-S knives of the wartime period shows that the quality of production and materials decreased bit by bit. The blade steel became more brittle than before, which caused more blades to break. Nevertheless, the weapon was still very well suited for its intended purpose: a quick and deadly stab.

W. E. Fairbairn and E. A. Sykes were not involved with the design of the 3rd pattern, as the aim was not to improve the knife's performance in the hands of its users; rather, the goal was to allow greater production numbers in less time and at lower cost.

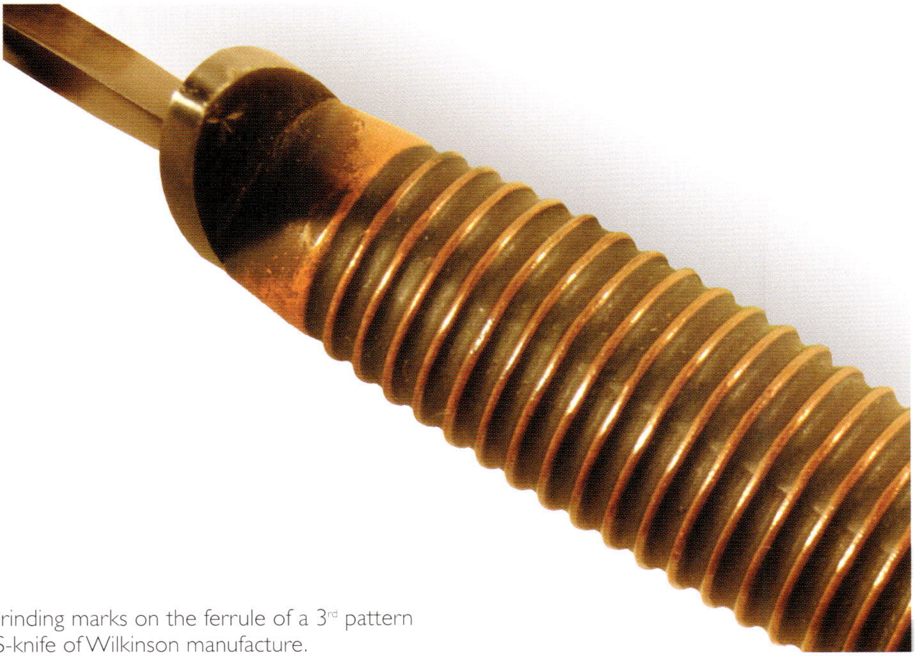

Grinding marks on the ferrule of a 3rd pattern FS-knife of Wilkinson manufacture.

Same grinding marks on the pommel of the same knife

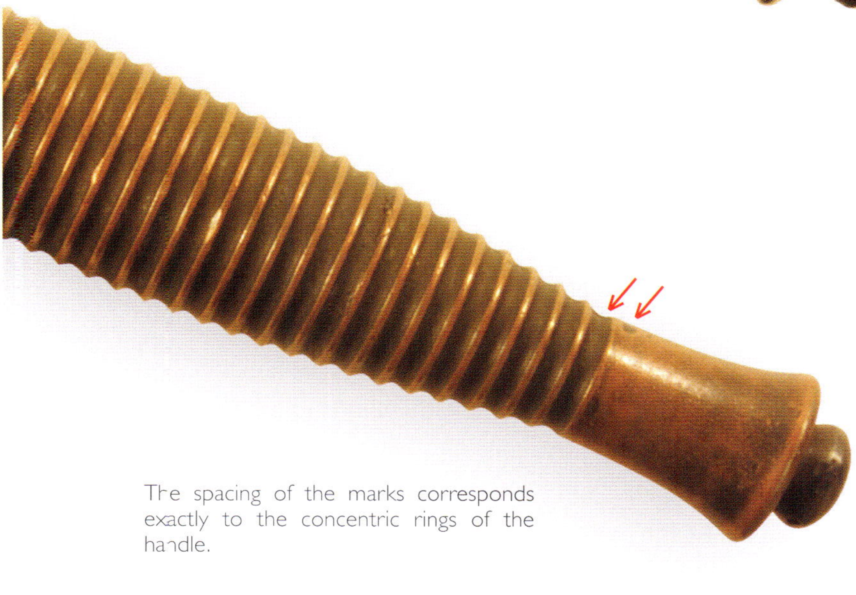

The spacing of the marks corresponds exactly to the concentric rings of the handle.

The Commando Memorial in Spean Bridge, Scotland – also the F-S knife is commemorated. The 3rd pattern is depicted, although it is the one that pleased its inventors the least.

Knife fighting expert W. E. Fairbairn was disappointed by the introduction of the 3rd pattern. The shortened handle was less suitable for the fencing grip that he taught his pupils compared to that of the previous patterns. In addition, he criticized the surface of the handle which, due to the lack of surface knurling, tended to be more slippery when wet. In his opinion, the handle of the 3rd pattern tended to "roll" in the users' hand such that in the stressful situation of a knife fight, he could not be sure in which position the edges of the blade were in relation to his hand.[9] It is most ironic then that due to the large production quantities of the 3rd pattern model, this is seen today as the archetypical F-S knife.

9

Handle Variations

"Beaded & Ringed"

With the introduction of the 2nd pattern in 1941, it was only a matter of time before manufacturers other than Wilkinson started to produce their own versions of the new knife. These products varied in quality and were also procured by government agencies, as well as being available for civilian purchase. Thus, the relatively small range of variations with the 1st pattern F-S knife spread with the 2nd pattern to what seems to be an endless number of different handle, blade and sheath variations. Even more puzzling are the vast number of different stamp marks, be they manufacturers' markings, government inspection stamps or the like.

The first of the new manufacturers of F-S knives were BSA and J. Clarke & Son in 1942.[1] In the autumn of the same year, Joseph Rodgers of Sheffield began to produce 2nd pattern F-S knives initially as an exact copy of the Wilkinson model and of superb quality. Soon after, they came out with their very own design with measurements roughly identical to the original F-S knife, but featuring a handle with a completely different surface design. Instead of the knurled gripping surface of the brass casting, the handle was covered with a repeating pattern of stacked smooth rings followed by a band of spherical shaped objects,

Handle of the so called "Beaded & Ringed" design.

like metal beads. In the majority nine of these latter rings are observed, but there can as well be ten, eight, seven or six of them. The number of smooth rings between the beaded bands varies between nine and five, depending on how many beaded bands were used.[2]

The blades of these knives were made of high quality steel. Their shape is slightly narrower, sleeker and more delicate than those of the Wilkinson knives. However, the balance of the knife is more or less identical to that of the standard 2nd pattern – although the different gripping surface provides a totally different "feel" to its user. The design of the handle is today called "Beaded & Ringed" or "Beads and Ridges" among collectors.[3]

There seems to have been no reason for the Rodgers innovation other than to offer their customers an F-S knife which was distinguishable from its competitors. Among collectors today, they are generally seen as Officer's models, as they were not cheap and provided no other advantage other than a different "look". These very rare Commando knives were sold as a commercial variant for private purchase, and a few Beaded & Ringed examples must have been used as official issue, as they were marked with the Broad arrow stamp.

Opposite: A) Overall view of a "Beaded & Ringed" knife with 9 beaded rings.
B) Overall view of a "Beaded & Ringed" knife with 6 beaded rings.
C) This "Beaded & Ringed" knife doesn't bear a Broad Arrow marking, but was owned by the Royal Navy until the late 1950s.

A B C

Some of the Beaded & Ringed models were delivered in an all-black parkerized finish while others featured a nickel-plated surface. The knives were equipped with a standard issue F-S sheath, consisting of brown leather and having the rubber band retainer, the two fastening flaps and a brass sheet metal mouthpiece attached.

Handle of a "Beaded & Ringed" knife in black finish.

Handle of a "Beaded & Ringed" knife in bright polished brass.

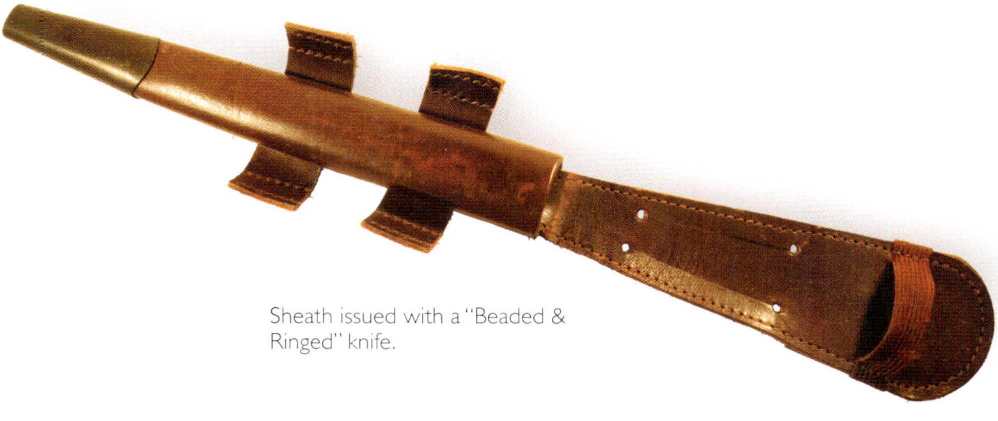

Sheath issued with a "Beaded & Ringed" knife.

"Roped & Ribbed"

An even rarer variant of the 2nd patterns with cast grip and ornamental surface is the so called "Roped & Ribbed" model. It often gets mixed up with the Rodgers' model, but its grip pattern consists of smooth rings and bands that resemble the surface of a rope, hence the name. It consists of nine roped rings and 40 smooth rings, as, in this case, the eight gaps between the roped rings are uniformly filled with five rings each. An even rarer variant of the "Roped & Ribbed" model features 10 rings of rope.[4] This type is also distinguishable by its crossguard, which has a different shape showing parallel sides and circular rounded ends instead of the standard oval shape. The hilts of both 9 and 10 ring variants are slightly longer than those of the Rodgers knives of this type. Whereas the pommels and top nuts of the "Beaded & Ringed" models are a similar shape to those of the standard F-S knives, the lower end of the "Roped & Ribbed" knife handles are secured by a top nut which is flush with the pommel end.[5]

The "Roped & Ribbed" design cannot be traced to a certain manufacturer as the known examples all lack a manufacturer's mark. It is assumed that they were produced for commercial sale to private purchasers, although at least one example is known that bears the Broad Arrow combined with the inspector's mark "2".

Overall view of a "Roped & Ribbed" knife with 10 roped rings.

Overall view of a "Roped & Ribbed" knife with 9 roped rings.

Alloy Hilted

Originally, both "Beaded & Ringed" and "Roped & Ribbed" knives were high quality products that easily stood any comparison with Wilkinson products. This might have gained them a good reputation amongst users, especially the soldiers and secret agents who were using them in the field. As a result, other manufacturers started producing knives of a similar design but of a far lower quality.

Several examples of alloy-hilted F-S knives are known to exist which at first glance seem to resemble the original "Roped & Ribbed" variant. The length and shape of the handle are roughly identical, especially the pommel, which is shaped as if a top nut flush with the pommel end was screwed onto the tang. Nevertheless, the whole handle including the crossguard is cast directly around the blade tang. It consists of a cheap metal alloy, most likely zinc based. As this metal tends to produce a whitish oxidation when exposed to moisture like salt water or sweat, the surface generally shows the remains of a matte nickel or bronze plating.

Instead of the "Roped & Ribbed" pattern, the handle features a simplified version of sorts consisting of smooth rings and leaving a gap at those places where the original version featured a roped ring. The smooth rings are divided into stacks of five, six, four and three. Two variations of this type of alloy hilted knife are known to exist. In both cases the handles are more or less identical with only minor differences in the cast design of the smooth rings.[6] The width of the crossguard varies from 1.81" to 2.06".

This type of alloy hilted knife is made of inferior quality materials, not only in the choice of blade steel, but also the alloy of the handle. These seem to have been chosen for their cheaper procurement rather than for their physical qualities. Thus, only a few of these knives are known to have survived, perhaps caused by the sloppy workmanship involved in their manufacturing which may have resulted in breakages under the arduous conditions in the field.

The knives seem to have been made for private purchase only, as no examples with a government acceptance stamp are known to exist. This assumption is strengthened by the type of sheath that is usually associated with these knives. It is not the standard F-S issue, but consists of two strips of leather sewn and riveted together as seen with commercial hunting knives of this period.[7]

Overall view of an alloy hilted knife.

Typical sheath delivered witch an alloy hilted knife.

Steel Hilted

A similar type of sheath is encountered with a further rare hilt variation, although it is not likely that these are in any way connected to each other – either by manufacturer or customer. It comes with a distinctive steel-hilted F-S knife. The hilt and pommel of the handle design are constructed from one piece of turned steel. The hilt surface generally shows five, and on rare occasions, seven knurled rings which would help to provide a non-slip grip. The tang protrudes the handle and is secured by a thread in the pommel end. The knife is usually considered to be connected with the French Resistance and allied arms drops for partisan movements against the axis powers.[8] It was issued as well to the British Home Guard and their most secret guerrilla faction, the Auxiliary Units (Auxunits).

Again, these knives are extremely rare, which is surprising if one assumes that they were dropped by the thousands over enemy occupied countries. Isolated examples have been found not only in France, but also in other European countries occupied by Nazi Germany. They do not seem to have been distributed in the Pacific region, as a knife of this design is not known to have ever been found there. Some nickel-plated examples of this type are known, so that it seems likely that these knives were available for purchase on the civilian market as well.[9] Several pieces are known that carry the broad arrow and other government inspection markings, which accounts for their issue not only to Home Guard forces, but also to regular troops. Clearly, these cheap and rapidly produced knives were not just made for the resistance forces. It is assumed that the production of this type of knife started at the beginning of 1944 but the names of the manufacturers remain unknown to this day.

Overall view of a steel hilted knife.

Typical sheath delivered witch a steel hilted knife.

Smooth Hilted

It is a connection with exiled forces from European countries that formed in Britain while their home countries were occupied, that partly explains the origins of a further rare hilt variation of the F-S Knife. This concerns a completely smooth-hilted commando knife, distinguished by its handle that is neither knurled nor features a surface with cast-in rings. Moreover, it is generally cast in a zinc based alloy. It is not cast directly around the blade tang, but was slipped over the tang after casting, then polished and secured by a threaded pommel nut made of steel.[10] The blades are in most cases blued and have either been drop-forged or machine ground, depending presumably on their date of manufacture. It is estimated that these knives were made from 1943 until the end of the war in 1945. They can be traced to the Free Polish forces, as some of them are stamped "WP", which may stand for "Wojsko Polskie" (i.e. "Polish Army").[11] Nevertheless, it is also possible that variants have been available for private purchase.

Wooden Hilted

An equally rare F-S variant with an origin that is difficult to trace is the wooden-hilted commando knife. It exists in a wide range of different designs, distinguishable only by the type of wood used and the shape of the handle. Only isolated examples feature a manufacturer's mark and no example is known to bear a government acceptance stamp.

Overall view of a smooth hilted knife.

The reason behind the production of these F-S variants with wooden grips is unknown. Although their balance most closely resembles that of the archetypical Shanghai knives, it is presumed that close combat expert William Fairbairn would have rejected this design. He is known for his preference for heavy handled fighting knives, as they tend to be more controllable in fast stabbing techniques. Nevertheless, as was shown in connection with the introduction of the 3rd pattern, the manufacturers didn't always determine their commando knife design in accordance with the teachings of Fairbairn and Sykes. Simplified mass production was of far greater importance to them. And this is what the choice of wood as a handle material brought with it. Not only was it cheaper to buy and easier to process, its consumption was not regulated by the government, as it was in the case of steel, brass and most other metals.

A typical wooden hilted F-S knife.

Far right: This wooden hilted variant resembles the 3rd pattern F-S knife.

Again and again it is assumed that the wooden handles were attached to surplus blades, either during wartime or after the war. But it has to be considered that before 1945, it is very unlikely that any surplus blades existed in Great Britain, as all the manufacturers who were fulfilling government contracts struggled to maintain their factory output. Of course, it could well be that some of the wooden-hilted knives were assembled after the war.

However, as many of these examples are quite crudely made and therefore not very good-looking, it is doubtful whether it would be possible in the post-war world to sell them at reasonable prices. A more convincing theory states that wooden grips were chosen to provide a knife that was suitable for really hot climates. Personnel based, for example, in North Africa had reported that the metal handles of the standard F-S knives tended to heat up considerably when exposed to direct sunlight and were slippery when held in a sweaty hand. Of course a wooden handled F-S knife doesn't cause problems like this. But checking upon historic photos of British personnel in action in any desert or tropical climate, one finds only metal handled F-S knives being carried. The only pictorial evidence for wooden-hilted F-S knives being used by military personnel is found showing British and Canadian pilots during the allied landings in Normandy in 1944. They seem to have been issued with these knives as a general survival tool, be it because they were more lightweight than the standard ones, or simply because they were cheaper and readily available.[12]

As already mentioned, an endless variety of wooden-hilted F-S knives exists. Some handles are quite crudely made and look like sawn-off broom sticks. Others seem to be designed for really large hands as their diameter is much larger than that of a 1st or 2nd pattern knife with a brass handle. Again, others resemble at first glance the exact shape and dimensions of a 3rd pattern handle, but reveal on closer inspection to be made of turned and polished wood. This variety is assembled exactly like its all-metal counterpart using a dome-shaped top nut of the type which can also be found on standard 3rd patterns. The fat wooden grips also expose the tang, and are secured by a flat brass disk which is inlaid in the pommel end of the wood. The timbers used range from beech and other European hardwoods, to dark brown and almost black species originating in tropical regions. On some exceptional luxury items ebony handles are encountered, but these are far from the norm.

Designed for a rather large hand: handle of a wooden hilted knife.

Brass disc screwed upon the blades' tang at the pommel end of the wooden handle.

Other Handle Shapes

Collectors of the Fairbairn-Sykes fighting knife may come across a far greater range of variations, and in many cases only one example will be known to exist. Some owners of standard F-S knives made individual alterations – ranging from crudely re-ground handles, crossguards and blades, to very professionally made handles and sheaths. Thus, many examples have to be considered as being unique. In other cases craftsmen or small companies may have manufactured a limited series of knives from surplus F-S blades; in many cases this is confirmed as being post-war work. Whether or not these knives are collectible, needs to be decided by each collector for himself.

The complications involved with identifying the origins of a handle design is demonstrated by the leather handled variant located in a Belgian Museum, exhibiting items that were used by American soldiers from the Battle of the Bulge. It consists of the blade, crossguard and pommel of a British issue, 3rd pattern F-S knife. The crossguard bears a broad arrow marking combined with the

3rd pattern F-S knife with leather handle. The tang has neither been shortened nor peened over.

Brass hilted knife, presumably of Belgian manufacture.

Leather handled 3rd pattern F-S knife sheathed.

Close up view of leather handle.

letter "V". During the Battle of the Bulge, which began on December 16th, 1944, the knife and its user had been involved in action against the last German offensive. At an earlier stage, the knife's handle had been removed and replaced by an American style grip made from a stack of leather discs. The pommel end had been sawn off the original cast grip, and together with the original pommel nut, was utilised on the new handle design. As the leather washers had been compressed while fastening the pommel nut, the tang now extended beyond the nut. Whether the alteration was made by the user, or commercially, cannot be traced. As the protruding tang had neither been shortened nor peened, a user's alteration is most likely.

Examples like this prove how difficult it is for a collector to decide whether or not a knife is collectible. Collectors should be aware that the surfacing of a previously unseen handle design on an F-S blade doesn't necessarily mean that it belongs to an as yet undiscovered F-S series. Many decide this question in the following way: if the alteration was made by its wartime user during the war, it can be considered an original and a collectible item. If the alteration was made after the war, whether by its original user or not, it has to be considered a wrecked original that demands restoration.

10

Sheaths

The type of sheath which was delivered with each F-S knife can be a great help in identifying its approximate year of manufacture and to trace its origin. Unfortunately, as a general rule it has to be questioned whether or not the sheath which is ascribed to a knife today is the particular one it was delivered in after its manufacture.

Already during the early production of the 1st pattern the sheaths of the F-S knives distinguished themselves by a feature which had never before been introduced into a production knife sheath. As the inventors William Fairbairn and Eric Sykes wanted their knife to be easily concealed, they pleaded for two leather flaps, or "wings" as they would be called, to be sewn to the sheath body. Their intended use was to allow for the sheath to be secured in any position inside or outside the user's clothing according to individual preference.[1]

F-S sheath of early manufacture with typical leather flaps, front.

F-S sheath of early manufacture, back.

Although some of the very first F-S knives were delivered from the Wilkinson Sword Company with a plain sheath lacking this additional feature, the company introduced it as standard no later than the introduction of the 2nd pattern.[2] Of course, manufacturers other than Wilkinson had their own standards concerning the sheaths they delivered with their products. But many stuck to the Wilkinson pattern, as from the customers' point of view, the flaps were as much a part of the F-S design as the vase-shaped handle and the sleek pointed blade. Nevertheless, in many cases the users simply removed the flaps if they felt that they had no use for them. As such, collectors may come across even 3rd pattern Wilkinson sheaths that lack this feature.

F-S sheath without flaps.

This sheath was originally delivered with flaps attachec, but they must have been removed by one of its users

The standard F-S sheath itself is a simple, straightforward design. Its body consisted of a single piece of leather, which was folded around a mandrel of the approximate length and width of the blade, and then sewn along the edges. A frog with belt loops was initially sewn in as well. At later stages, and especially with sheaths that were not delivered by Wilkinson, the frog may be attached by brass rivets. Rivets made of metals other than brass, or even staples, are an indication of post-war manufacture.

Frog attached by sewing.

Frog attached by brass rivets.

The lower end of the sheath which covers the point of the knife's blade is left open and covered with a metal chape. According to Wilkinson standards it was attached at first by a metal clip similar to a large staple. At some stage after the introduction of the 2nd pattern, Wilkinson switched to riveting the protective cover to the leather body. Again, manufacturers other than Wilkinson chose their own standards, but most followed an exact copy of the Wilkinson sheath.

Chape attached by metal clip.

Chape attached by rivet.

Quite distinctive, at least with Wilkinson sheaths, is the means of securing the knife when stowed. During the production of the 1st model this was achieved by a leather strap that was secured by a rivet in the upper end of the frog. Its end was fastened by a press stud, thus providing a secure hold for the knife's handle. This stud was the "Newey" brand, and any other product indicates either a repair or a fake. During the introduction of the 2nd pattern this was altered to an elastic rubber band. This change may have taken place due to user complaints about the press stud being difficult to handle with cold or wet hands, being noisy, and slowing down the drawing of the knife in hand-to-hand combat. Alternatively, it could well be that Wilkinson simply wanted to ease mass production.

Leather strap on early F-S sheath: Press stud of "Newey" brand.

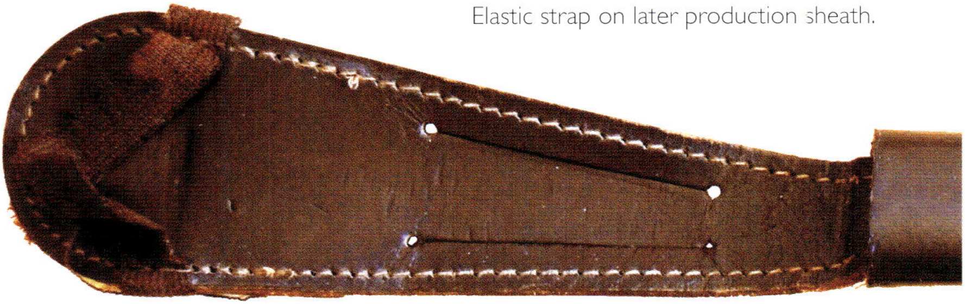

Elastic strap on later production sheath.

After the introduction of the elastic device Wilkinson had a second piece of leather sewn in as reinforcement behind the upper end of the frog. The reason for this is unclear, but it seems most likely that it was meant to stiffen the frog, making it easier to pull the knife's pommel from under the elastic band. On later versions this backing was omitted, be it due to creating further production efficiencies, or simply because it was found to be unnecessary. The double layer of leather required stitching all around the edges of the frog. This is an obvious difference to the ones made with the press stud as it is visible on first glance – whether or not the original fastening strap with the stud or the later elastic band is missing due to wear. The line of stitching doesn't stop at the lower end of the backing. It runs straight through to the lower end of the frog where it is fastened to the body of the sheath. Even when the backing leather was omitted, the stitching along the frog's edge was maintained – most likely because it strengthened the leather and reduced warping and potential breakage due to wear.[3]

Leather reinforcement at upper end of frog.

Early 1st pattern sheath: Frog without leather reinforcement, plain edge.

The chape may have either a rounded or a flat point. It seems that both versions were in use from the very beginning of production. It consists in most cases of brass, which has either been bronzed, nickel-plated or browned with some sort of acid dye. On sheaths that did not come from Wilkinson, chapes made of steel sheet metal can also be found. These are usually nickel-plated or blued.

Flat pointed chape.

Round pointed chape.

F-S sheaths are either unmarked or carry manufacturer names, in many cases "BHG", almost always accompanied by a manufacturing date. "BHG" were the initials of Barrow, Hepburn & Gale, the major outside supplier of pre-cut leather or complete sheaths for Wilkinson. In some instances the broad arrow is found on the sheath as well. The stamp "ENGLAND" was on war production knives which were exported to the USA after 1945.[4]

A marking on F-S sheaths that is very seldom seen is the "Y" stamp usually found on the upper rear part near where the frog is fastened. This marking has only recently been identified as denoting that the sheath was treated with shellac for waterproofing. These pieces often have a "stiffer" feel than other F-S sheaths of the same age and condition. Also, this treated leather is more prone to breakage if it has dried out at some stage or was worn for a considerable period.

"BHG" stamp on F-S sheath.

"Y" stamp on F-S sheath.

Of course, the clones and other odd F-S influenced knives of this period come with an endless variety of sheaths. Most common of all is a design which has already been described as typical for the French Resistance all-steel commando knife. It consists of two strips of leather which have been stitched together with a further narrow middle layer of leather. The belt loop or frog is usually an integral part of one of the leather strips. This type of sheath is typical of many hunting knives from that period, but no standardisation or pattern as with the original F-S sheaths is distinguishable.[5]

F-S sheath of the "Hunting Knife" type.

11

Markings

Markings on F-S knives can help the collector to identify the manufacturer of an example and what was done with it after its delivery. Namely, whether it was privately or officially purchased, and if the latter, whether it was issued to military or secret service personnel.

The most distinctive marking to be found on F-S knives is of course the famous inscription "The F-S Fighting Knife", which the Wilkinson Company etched to the blades of some of its early production knives. As Wilkinson had this brand name protected, they were the only manufacturers permitted to use it. Thus the identification of an F-S knife which bears this inscription is more than simple.

F-S signet on a 1st pattern.

It was not uncommon for Wilkinson to use the name of the inventor to provide a name for a bladed instrument. Another example of this is the "Shakespear Knife", which was created by the British Major, Henry Shakespear, and was produced by Wilkinson in considerable numbers from the end of the 19th until well into the 20th century.

The F-S inscription was initially etched into the ricasso, which is a distinctive feature of the 1st pattern knives. Thus, it is to be found on 2nd and 3rd patterns in the very same spot, although these succeeding models feature a blade design with a centre line extending right through to the crossguard. Only on 1st pattern knives signet and trademark that are deeply etched do the letters appear as embossed figures. On 2nd and 3rd patterns the chemical process seems to have been done with a less corrosive agent, which resulted in the background around the letters being only lightly corroded and not removed.[1]

F-S signet on a 2nd pattern – The etched surface has only been lightly corroded.

F-S signet on a 1st pattern knife – After the etching process the letters and numbers are left as embossed figures.

On knives produced before 1945, the F-S inscription is invariably accompanied by the Wilkinson logo etched on the opposite side of the ricasso, if it has one, or else the position nearest to the crossguard.

If a collector compares the Wilkinson logo and F-S inscription of knives from Wilkinson manufacture of different years and patterns, he will find certain differences in the details of the etchings. This is not only due to the progress from one pattern to a succeeding one, but also because of the way they were applied to the blades. Before the steel was exposed to the acid, the area where the etching was to be applied was covered with a stencil made of paper and wax. The pattern to be etched was printed in reverse onto the stencil paper in red wax. After the stencil had been pressed onto the ricasso, the remaining blade was covered with varnish for protection. Wax and varnish protected the metal so that only the

Wilkinson trademark on a 1st pattern.

unprotected steel surface was corroded by the acid. As a result, letters and logos were left as embossed figures.

The stencils seem to have been produced in a series of production runs. Once a run had been exhausted, new ones were produced, perhaps using the old one as a pattern. Nevertheless, this resulted in minor variances which can be observed by a closer look at them. Trying to date a certain knife by comparing its etch pattern to similar ones still renders the dating practically impossible. Another cause for minor or larger variances was created by the fact that in series production the etching work was generally performed by unskilled workers who had received little training. Thus, there exist some F-S knives produced by Wilkinson that feature unusual etchings which were the result of faulty workmanship. A common mistake is that a knife which carries the F-S inscription lacks the Wilkinson trade mark and vice versa. These are considered to be extremely rare examples, as it was the company's intention to apply the logo and inscription together. In some rare cases, the trademark stencils of other Wilkinson blades were used, presumably those of the sabre or sword production. Some appear to have been roughly cut into shape to fit the narrow F-S blade.

Collectors should always keep in mind that commando daggers of genuine Wilkinson manufacture, if they bear any markings at all, are only ever marked with the etched company logo and the F-S insignia. On F-S knives of Wilkinson production dating before 1945, neither inspector's marks nor broad arrow stamps were applied.

This surprises, as the knives of other manufacturers bear indeed Broad Arrows, acceptance stamps, and the like. In addition, it is a known fact that with the introduction of a code system for all manufacturers of army equipment on 9 January 1943, the Wilkinson Sword Company was issued its own code by the Chief Inspector of Small Arms (CISA). This read "S 294". With this code, the company was to mark all equipment that had to be inspected and accepted by the CISA. To this day, not a single Fairbairn-Sykes knife is known to bear the S 294 marking.[2] This was due to the fact that fighting knives were not

Typical Broad Arrow marking on the crossguard of a Fairbairn-Sykes knife.

treated as accessories of firearms such as bayonets. As a result they were not subject to an inspection by the Chief Inspector of Small Arms and were treated as general military equipment.[3]

Large manufacturers like Wilkinson had their own Government Inspector who was not only an employee of the company but also designated as the Government Inspector by the CISA. Another Government designated staff member was responsible for the inspection of other goods manufactured for the military such as tools and general equipment. This latter Inspector used the designation "W over 102". Every F-S knife manufactured by Wilkinson should have passed his inspection but none with such an inspection mark has ever been encountered.

In spite of this it seems that F-S knives produced by manufacturers other than Wilkinson were indeed subject to an official inspection. Many of them bear the broad arrow stamp combined with a number or letter. The latter can be identified as the acceptance stamp of a government inspector who visited the premises of the different companies and gave the bladed weapons an on-site examination. The widespread assumption suggesting that the digits that often accompany the broad arrow were code numbers for the different manufacturers is not correct. They belonged to certain government officials who travelled throughout the British arms industry and left their stamp mark during the on-site inspections. As they were not necessarily always assigned to the same companies, products of one and the same manufacturer may have received the marks of two or more different inspectors.

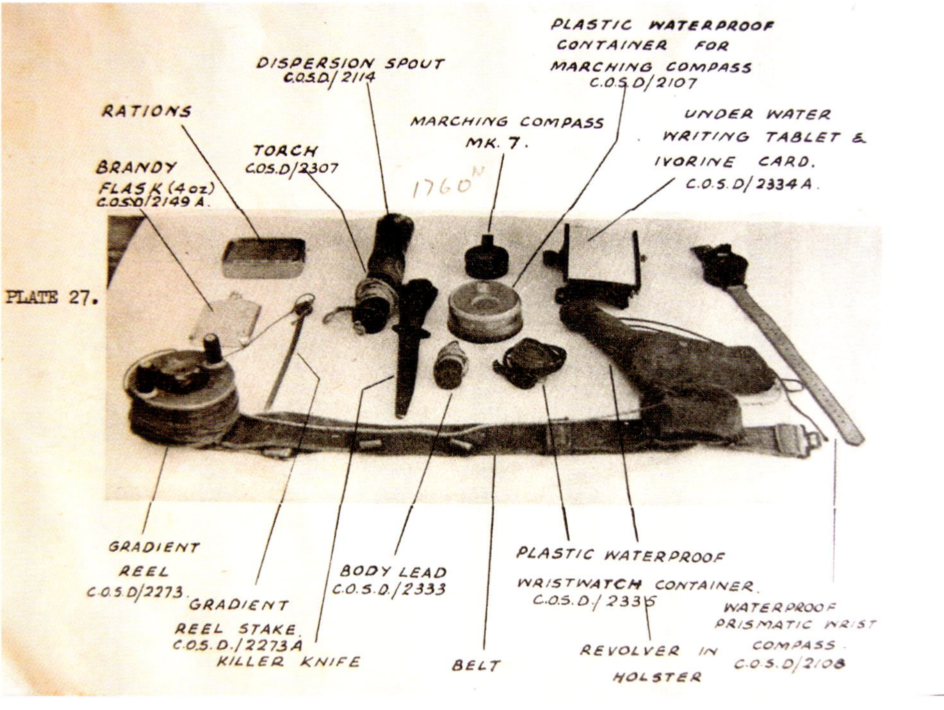

List of equipment for amphibious operations by the British Commandos. The F-S knife is listed only as "Killer Knife" and doesn't bear an inventory or COSD-number. *National Archives DEFE 1370.*

The obvious differences in the treatment of the manufacturers of F-S knives concerning the inspection of their goods calls attention to the fact that to date, the purchase and issue of F-S knives by the Ministry of Supply and other government agencies is not fully understood. For instance, in a list of equipment for amphibious operations by the British Commandos, in which every item right down to things like ropes, diving suits and the like are listed, the F-S knife – the symbol of the newly founded elite force – is to be seen only as a minor constituent depicted in a single photograph. All other equipment in this photo is properly named and provided with a COSD number in the caption. The F-S knife is named as a "killer knife" and doesn't bear a number.[4]

Nevertheless some Wilkinson knives may show, not only the trademark and F-S etching, but also a name scroll etched approximately half way between point and crossguard. This is only very rarely seen on the 1st pattern F-S knives, but is very common on 2nd patterns as well as 3rd patterns.[5] For all etchings done by Wilkinson the company retains records as to when and by whom the etching job was ordered. This can be a most helpful resource for collectors seeking to date the manufacture of this particular knife.

Knives from manufacturers other than Wilkinson are usually much more difficult to identify. If the company left its name on the knife it is in most cases stamped onto the crossguard. But this seems to have been done only during the early stages of production and was omitted later. The reason for this was the aim of obscuring the origin of these items from the enemy, not only to hide that it was a British design, but also to prevent giving the enemy a clue about the extent of British war production.

3rd pattern FS-knife with name scroll etching on blade.

A very common marking on F-S knives of wartime manufacture is the word ENGLAND, always written in capitals, which had to be stamped onto either the crossguard or the sheaths' frog to satisfy the importation laws of the USA. The mark simply indicates that this particular knife belonged to a large shipment of 167,000 F-S knives that were exported to the USA shortly after the war as a payment for the wartime support the Empire had received from their transatlantic allies. US import laws demanded that every item imported into the country be marked with the name of the country of origin.[6] Thus, the ENGLAND stamp is by no means helpful in identifying the manufacturer or former user of an otherwise unmarked knife.

On 1st pattern knives, collectors may come across different numberings stamped into the pommels which have obviously been applied by individual dies for each digit, as they do not line up exactly. The numbers may consist of either three or five digits. In very rare examples, the five digit number may be accompanied by the three digit number on the very same knife. It is assumed that the five digit number, which in all known instances is "30946", is in fact a stores number identifying the knife as having been delivered to the Commando Training Centre in Achnacarry, Scotland. As most of these knives are still in superb condition, it is likely that they were never issued to fighting troops and instead were used for demonstration purposes during training.

ENGLAND marking on a 3rd pattern.

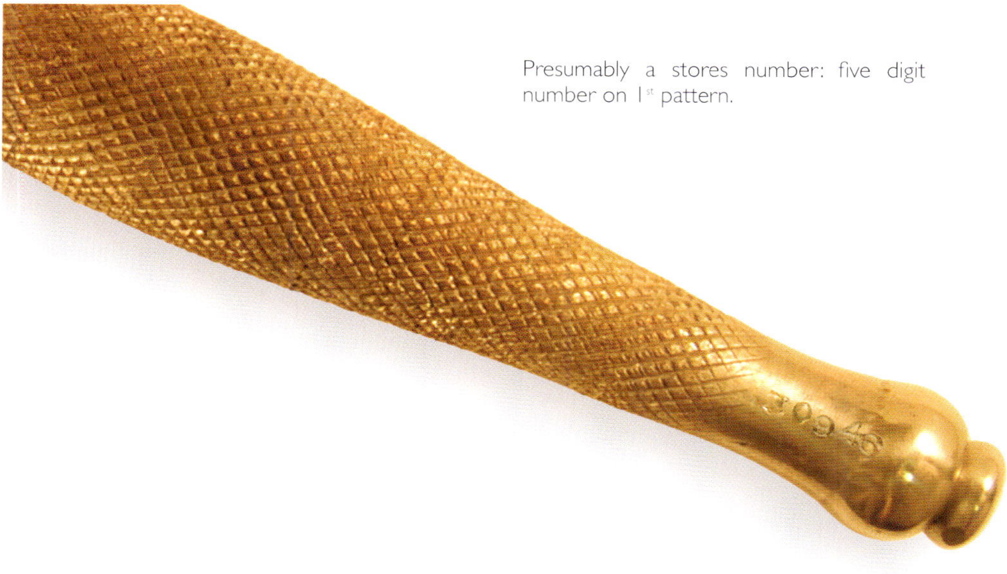

Presumably a stores number: five digit number on 1st pattern.

This assumption is strengthened by the fact that the numbers were applied in an untidy fashion which doesn't fit the otherwise high quality workmanship that Wilkinson was known for. Additionally, it is clear that the numbers were stamped into the brass after the nickel plating had been applied. This makes it even more likely that the knives were numbered after they had left the Wilkinson premises.

These observations concerning the crude application of the numberings is true for the three digit numbers as well. To find an explanation of the latter's purpose is even more difficult. It is only numbers lower than 500 that are known to exist on 1st pattern knives. One logical assumption would be that they are serial numbers marking the first production run of 500 knives.[7] But again, it is unlikely that a manufacturer such as Wilkinson would have spoiled the otherwise superb workmanship and finish of the 1st pattern F-S knives with such a crudely applied serial number. And certainly the numbers would have been applied before the nickel plating. As a result it is impossible to conclusively explain the numberings found on 1st pattern pommels. Most notably, 1st pattern F-S knives are the only ones on which such numbers have been observed, so 2nd and 3rd patterns carrying such numberings should always arouse the suspicion of a serious collector.

This warning doesn't apply to the casting numbers which are found as embossed digits on nearly all wartime manufactured British 3rd pattern F-S knives. These, as already stated previously, indicate the casting mold in which the particular handle had been cast. These were numbered 1, 2, 3 and 4.[8]

Finally, a certain type of "marking" should not be left out which is found on many F-S knives of wartime manufacture. It is the two vice marks which can be found on opposite sides of the pommel nut. As this otherwise rounded and smoothly polished component

Vice marks on the pommel of a 2nd pattern.

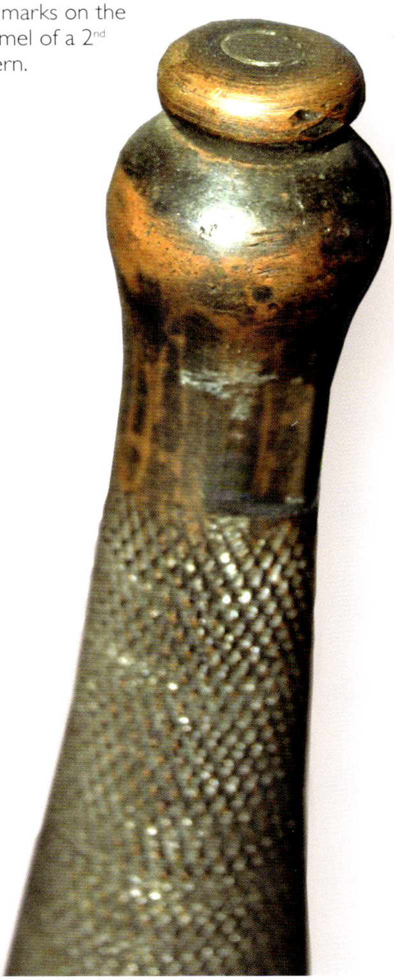

Vice marks on the pommel of a 2nd pattern.

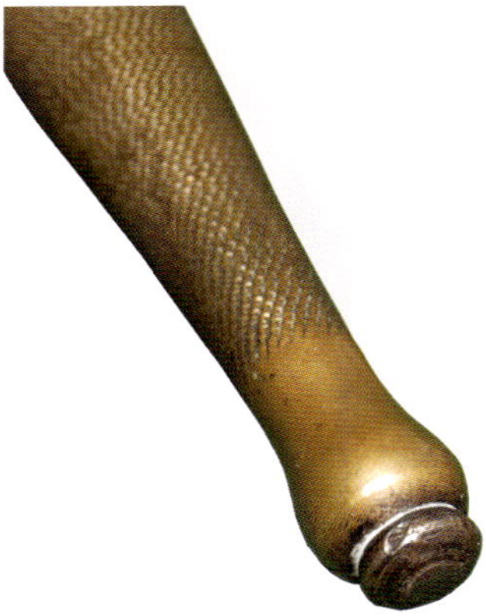

Vice marks on the pommel of a 2nd pattern.

Vice marks on the pommel of a 2nd pattern.

Vice marks on the pommel of a 1st pattern.

Vice marks on the pommel of a 3rd pattern.

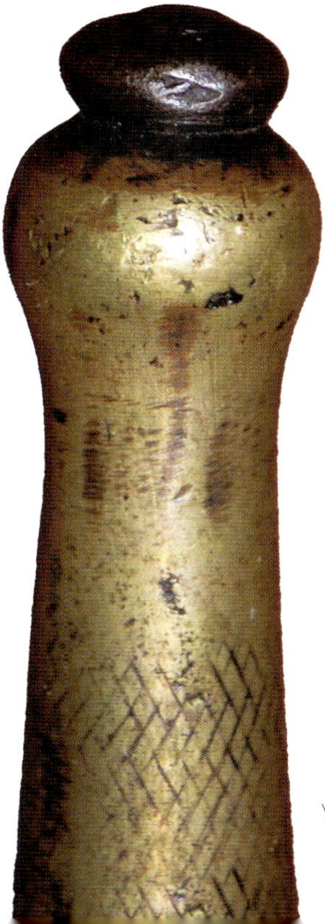

Vice marks on the pommel of a 2nd pattern.

has no edges or other raised points to allow a tool for tightening it to be used, it had to be clamped into a vice to allow for the appropriate torque to be applied. These vice marks almost always show a certain criss cross pattern as the vice's inner surfaces were checkered and left this distinctive "fingerprint" on the pommel nuts.[9]

Many collectors associate these more or less accidentally applied markings with the manufacturer Wilkinson, as they are found on the 1st pattern knives which were only manufactured by Wilkinson. Besides the fact that Wilkinson could have supplied other manufacturers with tooling for the F-S production, the inner surfaces of vices are almost always checkered, and the size and pattern of this checkering may well have conformed to a nationwide or even Commonwealth wide standard. It seems unlikely that a manufacturer used a vice with smooth inner surfaces to try and grip an equally smooth and rounded pommel nut to apply the torque needed for the final assembly of the F-S knife.

F-S knives that were issued to troops of other Commonwealth countries bear different markings, again which cannot be treated exhaustively in this book. Quite a common example is the "I" stamp, which is found together with the Broad Arrow both on knives and/or sheaths. This is the wartime acceptance stamp for any stores destined for the Indian army. In the pre-war period this had been the Broad Arrow and "ISD" for "India Stores Department". Similarly, knives issued to Canadian forces were marked with the broad arrow within the letter C and Australian knives carried a broad arrow inside the capital letter D, or one D on each side of the arrow.[10]

Broad Arrow and "I" stamp on a 3rd pattern.

12

False Start in the USA

In early 1941, well before the Japanese raid on Pearl Harbour and the resulting American involvement in the war, the innovative British elite forces and training methods had attracted much attention in the USA. Special Forces that equalled the British Commandos, or secret services comparable to the SOE, did not exist at that time in the United States. Since the civil war, a great number of secret services had been created, that belonged to the army, the navy, the FBI or the State Department. As a result they were all more or less autonomous organisations which hesitated in exchanging information of any kind. Thus, in June 1941 President Roosevelt appointed lawyer William Donovan as "Coordinator of Information" (COI), with the mission of creating an organisation specialising in guerrilla warfare modelled on the British SOE.

Donovan had commanded a US Army battalion in the First World War and had been awarded the Medal of Honour, the Distinguished Service Cross and three Purple Hearts for his exploits. In the inter-war years he had become a noted member of East Coast high society with very good connections and was known as eloquent, if somewhat eccentric, company.[1]

He approached his new function with great interest in innovation and unorthodox solutions, which was typical of him. In 1942 Roosevelt had the COI, which was still in its infancy, renamed the "Office of Strategic Services" (OSS). Donovan continued to hastily recruit new personnel and soon had more than 13,000 employees, agents and informants on his payroll. His service started operating all over the world, especially behind the lines of US enemies.

Like their British SOE counterparts, the agents of the OSS needed to obtain particular skills in armed and unarmed close combat. The British "Special Training School (STS) 103" in Oshawa, Canada, on the banks of Lake Ontario (unofficially called "Camp X") proved to be a welcome opportunity for the Americans to profit from British know-how in the first months of the existence of the OSS.

William Fairbairn demonstrating his "Silent Killing" techniques during one of his training courses in Canada: An unsuspicious handshake. *Photo: Courtesy of Lynn Philip Hodgson "Inside Camp X".*

Suddenly a knife appears in the instructor's left hand. *Photo: Courtesy of Lynn Philip Hodgson "Inside Camp X".*

The British had originally placed the school in Canada because many immigrants from France, Poland and Yugoslavia lived there and could be recruited as agents to fulfil undercover operations in their native countries. "Camp X" had commenced the first training courses on December 6th 1941, one day before the Japanese attack on Pearl Harbour. As soon as the USA entered the war, the British trainers could also instruct their American colleagues who would pass on their newly acquired knowledge to hundreds of American agents at newly founded training centres of the OSS. At the beginning of 1942, the US secret service sent Lieutenant Rex Applegate to STS Lochailort in Scotland to participate in a training course headed by E.A. Sykes. After his return to the USA, Applegate worked as a close combat trainer at the OSS school "AREA B-5", today's Camp David. His trainees

Now Fairbairn is in the position to stab his "victim" in the kidney – close combat with no compromises. *Photo: Courtesy of Lynn Philip Hodgson "Inside Camp X".*

soon functioned as well as their trainers. In this way, the USA gained a large team of professional teachers using the Fairbairn-Sykes system within the shortest time.[2]

Despite this, the newly formed team of trainers fell short of the expertise and experience of the founders of this innovative close combat system. Demand for advice and assistance from either Fairbairn or Sykes grew, and with it the desire that one or both of them be located in the USA. William Donovan, the Head of the OSS, became aware of this problem and he requested the temporary support of William Fairbairn. As a consequence the British expert travelled to Toronto, Canada, on March 12th 1942, in order to provide training at STS 103 ("Camp X"). By August 18th 1943, Donovan asked for the permanent transfer of Fairbairn to the OSS. There, the aging martial arts expert would travel around the US training institutions instructing suitable candidates from all over the country, as he did before in Britain. With effect from October 1st 1943, Fairbairn was officially employed by the OSS, but received his salary from the SOE.[3]

On June 12th 1942, exactly one day before it was renamed the OSS, the COI placed an order with Landers, Frary & Clark of Connecticut for 10,000 commando daggers. The service undoubtedly consulted Fairbairn concerning the design of what was to become the OSS variant of his already famous knife. Thus this variant must be seen as most closely resembling Fairbairn's opinion of what constituted an ideal fighting knife at that time. On the back of Fairbairn's criticism of the British 3rd pattern, it comes as no surprise to find that the OSS dagger featured a cross-checkered surface on its handle. The knurling was cut deeper than on the preceding British knives and extended from the pommel end up to the crossguard. The length of the handle corresponded to the 1st and 2nd patterns of Wilkinson manufacture, so that the fencing grip taught by Fairbairn was possible again. The leather sheaths supplied with the knives were attached to a quadruple slit metal sheet, which allowed for many different ways to attach it to belts or web gear. The characteristic appearance of this plate soon provided the nickname "Pancake Flipper" for this type of sheath.[4]

Unfortunately these are the only characteristics of the OSS knife likely to have corresponded to Fairbairn's desires. This is because Landers, Frary & Clark manufactured the knife so poorly that it must be considered from present viewpoint as being almost useless. The weakest point was the most important part of the weapon: the blade. It was stamped out of sheet metal steel of such inferior quality that it broke easily. The report of an OSS agent returning from the field indicates that the blade of his knife broke while he was punching holes in the tyres of enemy trucks. In the preceding decades, Landers, Frary & Clark had acquired a good reputation as the manufacturer of military combat knives. The famous Trench Knife Mod.1918 not only satisfactorily served its purpose during the First World War, but years later in the Second World War still accompanied hundreds, if not thousands of GIs into the field.[5] The company's philosophy must have changed. The shoddy quality of the OSS knives means that only a few are preserved to this day.

Despite their unsatisfactory quality, the knives were stored in the OSS arsenals until after the war, and when the OSS was reorganised as the CIA on July 26th 1947, they entered the possession of the new secret service. The CIA had the knife in its inventory lists until well into the 1960s as "H00-0444 Knife, Fighting".[6] But as far as it is known to the public, the service never again introduced a standard fighting knife. It is assumed that bladed weapons were purchased either privately by the agents or the CIA procured them in small quantities as required. According to insider information knives are not preferred weapons with the CIA and are given rather second-class treatment.

Not only the secret service OSS but also the elite force "Raiders" founded by the US Marine Corps around this time needed advice concerning close combat training. The secret service successfully secured the support of Fairbairn, and once again he worked as he had already done so in Britain, for two employers – the secret services and the military.

The OSS-stiletto and "Pancake Flapper" sheath.

The Raider-stiletto: Again ideally shaped but made in bad workmanship.

The Marine Raiders were designed as an elite force within the US Marine Corps, an elite unit to begin with. Similar to their British counterparts, they were to accomplish amphibious attacks and operations behind the enemy lines. The initiative came from President Roosevelt personally and had been suggested to him by Colonel Donovan, who referred to the successes of the British Commandos. In their opinion, the US Marine Corps was the ideal starting point for the creation of the American guerrilla warfare unit. The soldiers only had to receive additional training.

The 1st Raider Battalion was ready for action on February 16th 1942, and the 2nd Raider Battalion on February 19th. Altogether, four battalions of this US special force were formed. As the Raiders were the US version of the British Commandos, it was felt they should be equipped with "Commando-Daggers". The US Marine Corps had already consulted with the Camillus Cutlery Company, New York, with their own design some days before Fairbairn arrived in the USA. It was developed by Lieutenant Colonel Clifford H. Shuey and featured exactly the same blade shape as the British model, although the handle was a totally different design. It consisted of a zinc-aluminium alloy and was cast directly around the blade tang. Its shape was not symmetrical, but was formed to fit the hand's ergonomics.

Seen for itself, this was actually an improvement over the original design, as it supported the grip that was taught by Fairbairn and diminished the tendency of the handle to "roll" in the users' hands. But the handle proved to be the weakest point of the Raiders' stiletto. The alloy tended to break down and its surface started to corrode after a short time, resulting in a white powdery crust that appeared on the surface. Hence, most of the remaining originals show cracks in their cast hilts or even chips off crossguards or pommels.

Camillus manufactured only 14,370 of this knife, which was to become famous as the "US Marine Raider Stiletto". These were delivered in two shipments during 1942. At first, the Raiders were intrigued by their new knives but soon complained about the poor manufacturing quality. The knives were issued in an all-leather sheath, which was equipped with the steel hooks necessary for the attachment to the US army web gear. Additionally, it featured a belt loop to be attached to any belt be it military or civilian. The majority of the Raider

Stilettos came with blackened blade and silver hilt. A small number were delivered in all-black finish to the Canadian Parachute Battalion. The standard Marine Raider Stiletto is considered by collectors to be a rare specimen, the Canadian all-black daggers are even harder to find.[7]

While forming another new special force, the US army again created a fighting knife design in which the influence of the British F-S design was clearly the inspiration. For the American-Canadian First Special Service Force, which was to become famous as the "Black Devils", its first commander, Major General Robert T. Frederic, developed the so called V-42 Stiletto. He had previously visited the British Special Training Centre in Lochailort and was impressed by the effectiveness of the close combat techniques that were taught there deploying the F-S fighting knife. As a result of this he developed a knife in cooperation with some comrades that was primarily designed for stabbing. The handle consisted of leather washers stacked over a round tang, as was typical of American military bladeware of the period. The blade was even sleeker and more pointed than that of the British F-S knife. Despite this, the design was much sturdier and less prone to breaking – so much so that in a reliability test it managed to punch through a US army issue steel helmet. The pommel was innovative in so far as it was designed as a pointed "scull crusher", which facilitated effective punch techniques.

Major General Frederic had the first 1,750 knives for his force manufactured by the Case Cutlery Company in Bradford, Pennsylvania. After delivery, the knives were immediately issued to the First Special Service Force and the soldiers valued their new weapon very highly. No documentation can be found that proves additional production of the V-42 stiletto until 1945. As only a few original examples are

The V-42 stiletto.

known to exist at the present time, it is assumed that no more than 3,000 knives were manufactured up to the end of the Second World War.[8] Compared to the millions of F-S knives produced by this time the V-42 had no apparent influence on subsequent knife designs.

Fairbairn's time in the USA wasn't without its problems. Soon after his arrival, his superiors started to discuss whether or not the close combat expert should be promoted to Lieutenant-Colonel. The supporters of this idea argued that the trainer headed a cadre consisting of 5 Captains, 13 Lieutenants, 11 Sergeants, 3 Corporals and dozens of other personnel. In his position, a more senior rank would add gravity to his suggestions. The opponents cited financial reasons most of all for not promoting the martial arts expert. As a result, the promotion of the then 57-year old took more than a year to finally happen.[9]

Compared to the overwhelming success that it had in its country of origin, it has to be concluded that the F-S design had more or less failed in the USA. Although the OSS knife and the Raider stiletto had been created with little input from either Fairbairn or Sykes, these knives still mark the end of their stiletto-type knife designs.

Around the beginning of 1943, it has been ascertained that Fairbairn started to work on a totally different design. It was the so called "Smatchet", a heavy, double edged knife with a symmetrical laurel-shaped blade equally suitable for either thrusting or stabbing. In his book called *Get Tough*, published in the preceding year, he had already included a whole chapter on the use of the Smatchet. Thus, this sword-like knife was the only bladed weapon other than the F-S knife that was covered in the book.[10]

> "The psychological reaction of any man, when he first takes the Smatchet in his hand, is full justification for its recommendation as a fighting weapon. He will immediately register all the essential qualities of a good soldier: confidence, determination, and aggressiveness.
>
> Its balance, weight, and killing power, with the point, edge, or pommel, combined with the extremely simple training necessary to become efficient in its use, make it the ideal personal weapon for all those not armed with a rifle and bayonet.
>
> Note. – The Smatchet is now in wide use throughout the British armed forces. It is hoped that it will soon be adopted by the United States Army.
>
> Carrying, Drawing, and Holding
>
> 1. The Smatchet should be carried in the scabbard on the left side of the belt, as in Fig. 113. This permits one to run, climb, sit, or lie down.
>
> Note. – Any equipment at present carried in this position should be removed to another place.
>
> 2. Pass the right hand through the thong and draw upwards with a bent arm (Fig. 114).
>
> 3. Grip the handle as near to the guard as possible, cutting edge downwards (Fig. 115)."[11]

In his book Fairbairn continues to describe the different thrusting and stabbing techniques that could be performed with the Smatchet. Due to this early mention in

Typical Smatchet of British manufacture.

Fairbairn's book it is widely assumed that the author had actually developed the weapon. But so far, no proof or documentation supporting this assumption has surfaced.

As the existence of the Smatchet was first mentioned in the recently founded Special Training Centre (STC) in Lochailort, Scotland, it is likely that it was developed locally – created either by training personnel or local craftsmen. The design of this long knife (around 15,75") and its blade measuring approximately 10,83 can be traced back to Celtic origins. The ancient warriors are said to have used a sword-like knife, whose welsh name "Chledd" can be traced to the Latin "Gladius", the short sword of the Roman legionnaires. In the early 20th century, when the First World War soon became a trench war, it became obvious that in these cramped conditions a soldier armed with a knife had a clear advantage against an enemy who attacked him with a long rifle, even one with a bayonet attached to it. For this reason Lord Howard de Walden, commander of a machine gun battalion of the Royal Welsh Fusiliers, had each of his soldiers equipped at his own expense with a short sword designed according to Celtic origins. The design was created by the London sculptor and artist Felix Joubert, who had the surprisingly modern and practical weapon patented on August 25th 1916.

The blade and hilt consisted of a single piece of steel. The overall length was 24" and the blade length was 17,52". The pointed pommel acted as a "scull crusher" and the collapsible guard allowed the weapon to be worn close to the body if sheathed. When used it folded into a rectangular position and guarded the hand. The handle featured only a cord wrap to prevent slipping.[12]

The sword used by the Royal Welsh Fusiliers in World War I.

The Welsh knifes' hilt.

Inscription on the Welsh knives' ricasso: "Dros Urddas Cymru" – "For the Honour of Wales".

The handle scales of this British Smatchet are made of wood covered with rubberized canvas.

According to this design the developers of the Smatchet may have designed their weapon at the beginning of the 1940s. The similarity of the double edged blade is striking. The remaining Smatchets of British manufacture show many variances in construction and size. For example, the blades vary in length, width, and thickness. Also a wide range of handle materials is known, such as wood, rubber, or rubberized canvas. This makes semi-professional production very likely, possibly in small workshops around the area of the Training Centre. The Smatchet was a much heavier weapon than its predecessor from the First World War. This was caused by the much heavier blade which was not hollow ground, and the hilt which featured a pommel and a guard made of solid brass or steel.

Fairbairn may have learned about the existence of this archaic weapon during his rather short duty as an instructor at the STC Lochailort. Whether he had been involved in its development cannot be proved. Having been preoccupied with stabbing techniques before, he may have studied slashing and thrusting moves while handling the Smatchet.

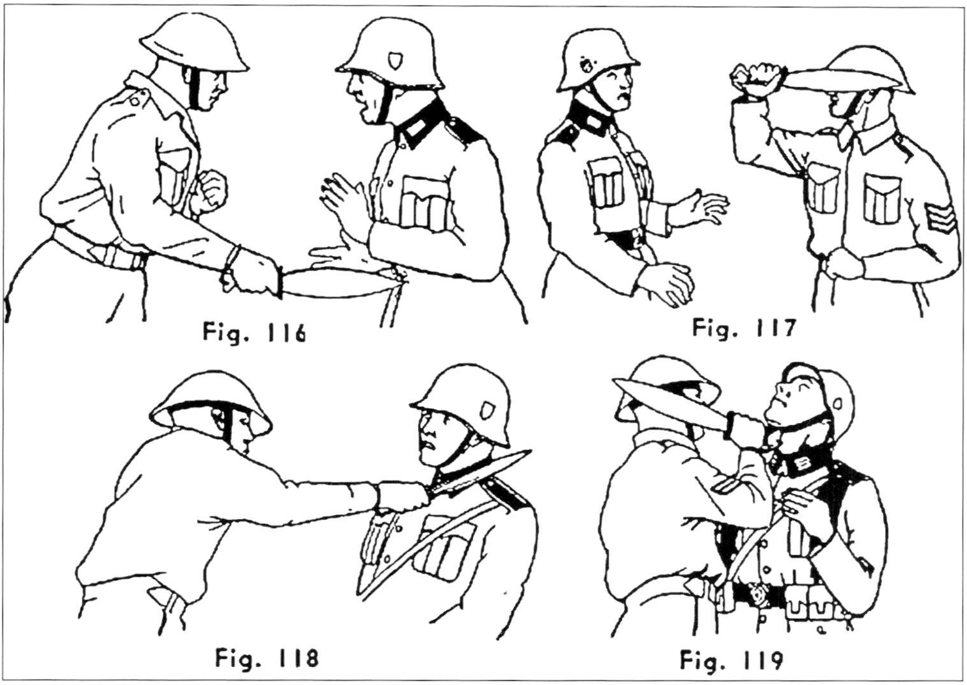

The illustrations in Fairbairn's "Get Tough" show the techniques he suggested for the Smatchet.

Although the Smatchet is depicted on quite a few British propaganda photos of the time, contemporary witnesses report that it wasn't very highly regarded by the field troops. Certainly it was much better for building bivouacs or cutting firewood than the fragile F-S design, but for the fast moving Commando units it was just too clumsy and heavy. Few of the elite soldiers wanted to carry such a thing on their belts while performing an amphibious landing operation.

After Fairbairn arrived in the USA in 1942, he continued his studies concerning the Smatchet. Soon he had altered the British design a little bit further and convinced his US superiors to have 3,000 of them manufactured for the OSS. Surely one of the reasons for this decision was the fact that many OSS operatives performed their duties in the jungles of South-east Asia, where both a versatile survival tool and a weapon were a necessity.[13] But still the OSS Smatchet doesn't seem to have suited the purpose sufficiently, as Fairbairn soon started to create a new version.

With his first sketches he consulted Fernleigh R. Graninger, an employee in one of the OSS workshops. The craftsman built a first prototype with a blade of soft, not hardened, steel. This helped the martial arts expert to study the handling of the new knife. Its blade was similar in design to that of the Smatchet, but was much sleeker. This shows that one of his main objectives was to reduce the weight of this hitherto clumsy weapon. The handle of the new design was longer but narrower than that of its predecessor. At this stage of development, the pommel was a ball-like shape to allow for punching techniques. With further progress, Fairbairn omitted this detail and decided on a birdshead-shaped pommel.[14]

An analysis of the design stresses the assumption that Fairbairn had changed his focus from stabbing techniques to slashing and thrusting ones. The main purpose of the pommel's "beak" was to provide a kind of hook, to hinder the weapon from sliding out of the user's hand in a slashing movement. This effect is also supported by the width of the handle, which tapers from the pommel end to the crossguard. For stabbing techniques, a tapering to the pommel end would have been more suitable.

OSS-Smatchet: Only minor alterations to its British counterpart.

May 29, 1945. W. E. FAIRBAIRN ET AL **Des. 141,363**

DAGGER OR THE LIKE

Filed Oct. 13, 1944

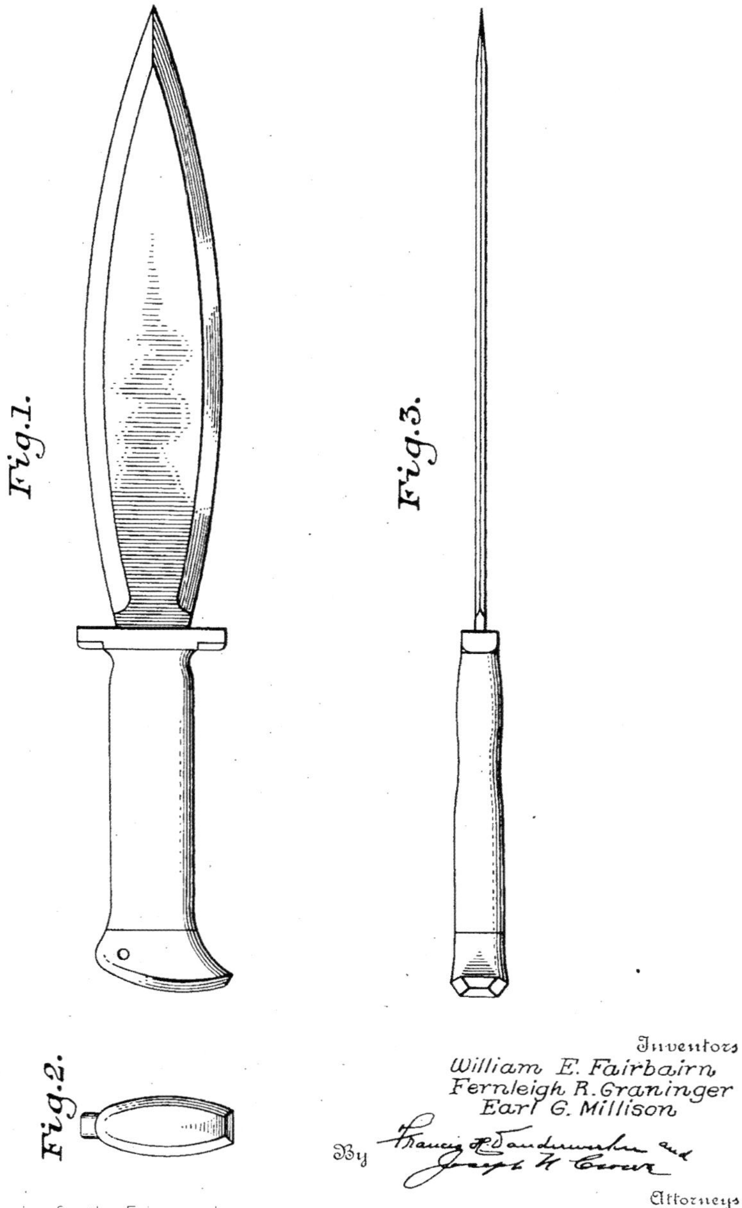

The patent drawing for the Fairsword.

April 3, 1945. W. E. FAIRBAIRN ET AL **Des. 140,745**

SCABBARD OR THE LIKE

Filed Oct. 13, 1944

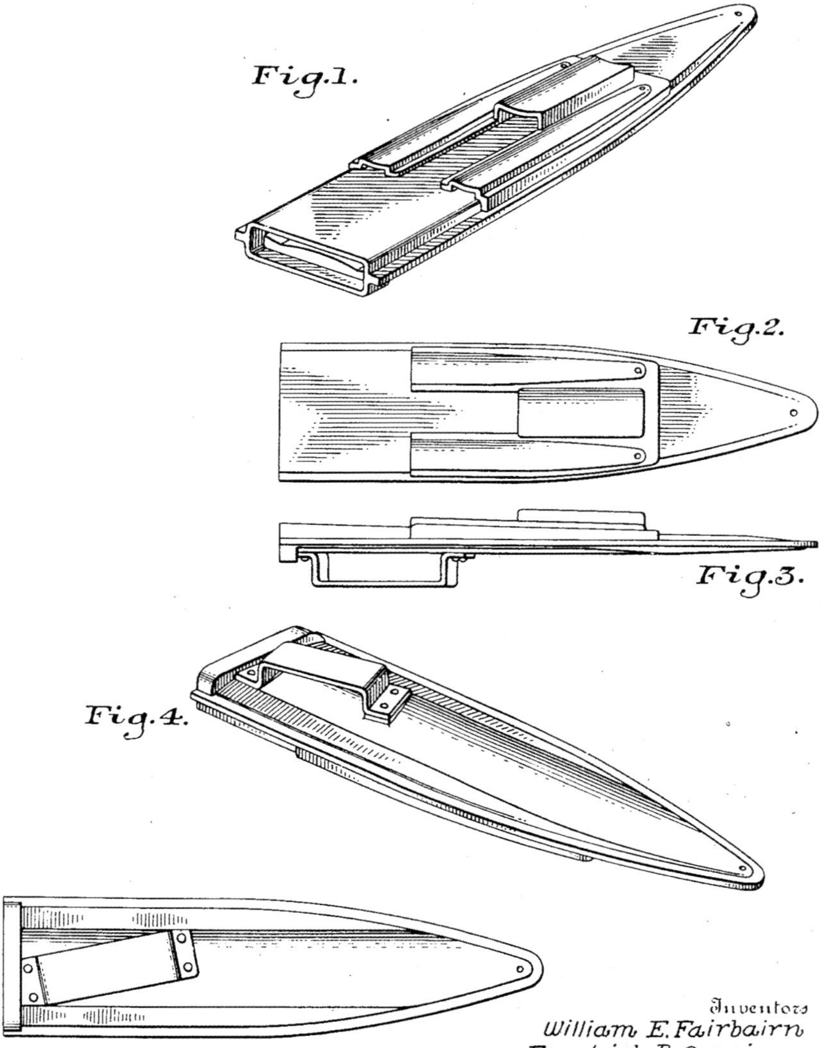

Inventors
William E. Fairbairn
Fernleigh R. Graninger
Earl G. Millison

By Francis D. Vanderveuler and Joseph W. Crowe

Attorneys

The patent drawing for the Fairsword's sheath.

Concerning the handle scales Fairbairn decided on a plastic called Lumarith which had been developed in the 1920s. Easily melted and molded into virtually any shape, the product was popular with makers of everything from fountain pens to electrical appliances.

Of this design a number of prototypes and maybe even a small pre-production run must have been manufactured. In the blades of these knives, the brand name of the product was stamped in capital letters: "FAIRSWORD". This indicates that Fairbairn had a new kind of branding in mind, as he knew that his name had gained a good reputation in connection with bladed weapons and close combat. On October 13th 1944, he applied for a patent of his newly designed knife, together with F. R. Graninger and Earl G. Millison. Perhaps by this stage it had become clear to him that by neglecting to have his F-S design patented, he had missed an opportunity to earn a fortune. Whether he had the name "Fairsword" protected as well, is not documented.

In a separate patent application, the three knife designers had the new knife sheath protected as well, which was quite uniquely designed. It was made of plastic and featured three pockets on the front which contained several gadgets. The middle one was designed to keep a whetstone. To the left, a small knife with a flint stone attached to its pommel was contained. On the right hand side an awl was housed. Its pommel was formed as a screwdriver with which sparks could be scratched from the knife's flint stone pommel. Additionally, it featured a groove with which a bullet could be levered out of a rifle cartridge in order to use the gunpowder as a fire starter. It is these supplementary tools that indicate that Fairbairn didn't design the knife solely as a weapon, but also as a survival tool.

Unfortunately his new design was not very successful. The OSS, the first agency to be offered the Fairsword for immediate introduction, took a whole year to conduct extensive testing from February 12th, 1944, to February 26th, 1945. Eventually, the secret service decided against the new knife as it had already some 3,000 Smatchets in store. Additionally, the end of the war was getting closer and it became obvious that the demand for weaponry of all kinds would soon decrease rapidly. Thus, the innovative design soon fell into oblivion and at present only a few examples of the Fairsword are known to exist. As with all bladed weapons of Fairbairn design, collectors should well be aware of fakes. Only items with a well documented history should be trusted.

13

User's Alterations

A very interesting and lively basis for a collection of F-S knives can be found in the numerous alterations that the different users have made to their bladed weapons. Their intention could have been to distinguish their knife from the thousands of others used by their comrades, making them recognizable and individual. On the other hand some users, especially those whose lives relied on this iconic piece of equipment for survival, might have had the goal of making it as effective and secure in handling as possible.

This must have been the intention of SOE operative Edward "Ted" Lees, when he ground off the crossguard of the 2nd pattern F-S knife that was issued to him prior to an operation in the Italian Dolomites. Lees was of German descent and had to leave Nazi Germany due to his Jewish family background.[1]

Edward "Ted" Lees. *National Archives HS 9/906/3.*

After his arrival in Great Britain he had enlisted in the Army in 1940, where he was recruited by the SOE in 1943. After receiving the usual training in Scotland he went on different missions in Austria and Italy, where he specialized in sabotage missions. His very professional use of high explosives made his partisan comrades baptise him "il Dynamitard" and for good reason.[2] The covert character of his missions, which made him carry his weapons concealed under civilian clothes, was certainly the reason for customising his personal knife. With the help of a coarse grinding stone he removed not only the crossguard but also part of the blade shoulder and the ferrule of the brass handle.

Sure, the knife became even more fragile through this alteration, but it made the weapon an extremely sleek, spike-like stiletto which could be drawn swiftly from under his clothing and was a lethal stabbing device. Today the weapon is accompanied by a sheath that originally belonged to a different knife. It doesn't protect the blade along its whole length and neither does it provide a means of securing the knife when sheathed.

Far left: 2nd pattern F-S knife with ground off crossguard. Left: Tool marks around the blade shoulder.

It is doubtful whether this sheath is the one Lees carried during his missions, which included parachute jumps over enemy occupied territory. Nevertheless the knife is an item with a very reliable and well documented service history and certain to be highly appreciated by many a collector.

In some cases it is today not understandable any more, why a former user of a knife decided on certain alterations. This is true for a very odd specimen of a "Beaded and Ribbed" model. By what seems to have been the application of brutal force, the hilt of this particular knife has been bent to a curved shape. This results in giving the knife more the impression of an oriental dagger than of European bladeware. The alteration makes it doubtful whether it is still usable in real life combat. Unfortunately it is not known when, where or by whom the knife's hilt was bent. It is for sure that it has not been professionally done, as the brass handle has cracked and even a part was chipped off. Because the crossguard has no tight fit any more, a cord wrapping around the ferrule has been applied to hinder it from rattling. Thus every collector has to decide for himself, whether such an alteration ads to the value of this particular knife or has destroyed it.

The sheath doesn't protect the whole blade.

The sheath that is ascribed to Ted Lees' knife.

Not all of the alterations that users have done to their F-S knives, are fully understandable – Beaded & Ribbed knife with bent hilt.

On one side of the bent handle several cracks are visible.

Some of the handle's brass has been chipped off.

A knife that never left England but was altered all the same by its former user to make it combat ready, is this 1st pattern which received a wrapping around its handle. It was issued to a member of the Auxiliary Units, the ultra secret stay-behind guerrilla organisation within the British Home Guard. The Auxunits, as they were called, were to become active in case of a German invasion of the British Isles. In the years 1940 to 1941, secret arms caches had been deposited, especially in the South of England, to enable the organisation to fight the Germans even if the particular area was already occupied by the aggressors and the force cut off from the remaining British support lines.[3] The former member of the Auxunits who was issued the knife in question as a personal weapon was a farm hand by trade and spent most of his working hours engaged in hard physical labour. Hence the sleek spindle-like handle of the F-S knife was far too slim to provide a firm grip for his presumably quite large hands. The owner wrapped as much duct tape as was needed around the handle to enlarge its cross section satisfactorily.

The personalising of F-S daggers not only affected the knives themselves but also the sheaths that came with them. Perhaps the most common alteration made by users was the removal of the "wings", which were presumably attached to most of the sheaths issued with the knives. This was the case when users did not intend to have the sheath attached to their clothing but would use the belt loops to attach it to their belts. They would certainly have found these implements annoying, as they tended to get caught in other pieces of equipment or bushes and branches in this case.

In some cases individual users went further in altering the sheaths of their knives. This is the case, for example, with a sheath that was used by a soldier who took part in operation MARKET GARDEN, the largest airborne assault operation ever performed, with the aim of taking the bridge at Arnheim in The Netherlands in September 1944. The user, most likely a paratrooper, must have been dissatisfied with the sheath's means of securing the knife. He attached part of a bayonet's frog made of olive drab webbing. As its belt loop was removed, its intended function could only have been to provide an additional means of securing the knife when sheathed. Maybe this former user didn't trust the sheath's original rubber band to hinder the knife from falling out on touchdown during an airborne landing operation.

F-S knife with handle wrapping made of duct tape.

F-S sheath with its "wings" removed and a larger frog attached.

Back of modified sheath.

F-S sheath with web frog attached to it.

Close-up of web frog and stud fastening straps.

The decorative brass button that has been attached to the leather frog shows that the customising of the sheath might not have happened for purely functional reasons. This may have served as some sort of a token or lucky charm to protect the wearer. The slit at the upper end of the frog may have been used as a button hole to attach other equipment or as a means of fastening a lanyard to further secure the bladed weapon against loss. Again, this sheath is a piece that has lost its originality through the user's alteration, but nevertheless is likely to be considered a collectible by the majority of collectors.

It is up to each individual collector to decide whether the particular alteration a former user has made to a knife has increased its value or made it worthless. Because the item's originality has been destroyed, there cannot be clear guidelines on how to decide this. Most collectors want an item that provides on first glance a clear reason as to why the alteration had been done. For instance, a blade that has been shortened so that only a stump of about 2' is left, has most likely been broken and re-tipped to get at least a little bit of use out of it. On the other hand, a blade that has been shortened down to 6" (15 cm) and re-tipped well could have been designed to create a more concealable knife, especially if the sheath has been altered to fit the shorter blade as well.

Many collectors decide this question on the basis of the service history that comes with the particular knife. If there is enough documentation to prove that the wartime user has altered it that way, they consider it a collectible and value it accordingly. In other cases, the alteration could just as well have been carried out by a bored schoolboy in the 1960s who practiced knife throwing with his grandpa's knife. Such an item might well be considered worthless or merely a source for spare parts.

This leads to another risky point concerning the purchasing of altered F-S knives. Someone seeking to make money out of the idea of faking wartime alterations could certainly acquire parts of damaged or otherwise cheaply available knives and fiddle his own versions of "wartime legends". Be it a re-tipped blade with a crudely whittled wooden handle, or a 2nd pattern handle combined with a non-F-S blade – the possible variations are countless and a serious collector should not buy these items without trustworthy documentation.

14

Post War Production From Symbol to Legend

The friendship between William Fairbairn and Eric Sykes seems to have come to an abrupt end at the beginning of 1942. This was caused by Fairbairn's plans to take part in a Commando operation, in order to compare his training methods with the reality of a combat situation. When Sykes learned about the plans the 57 year old was making, he reported it to his superiors immediately, who of course refused to give their permission for him to participate in the assault. After all, apart from his key qualification as a close combat instructor, Fairbairn was also the bearer of official secrets. During his two years of instructor duties, he had made the acquaintance of hundreds of secret agents and knew their faces and no doubt some of their names. If he was captured and tortured by the Gestapo he could have put many an agent's head on the block. According to contemporary witnesses, Fairbairn never forgave Sykes for this intervention and barely spoke a word to him afterwards. From March 1942, Fairbairn was posted to the USA, returning only after Sykes' death.[1]

In the years without Fairbairn, Sykes continued to work as an instructor and further developed and refined their former co-production, the "Silent Killing Course". Soon after his promotion to Major, Sykes had to abort many training sessions due to repeated heart problems and had to attend medical treatment. In December 1944 he was declared unfit for service, but his sense of duty made him continue his work until April 6th 1945. It was then that he retired to a small guest house in Bexhill on Sea, where he died alone on May 12th 1945.[2]

After the war ended, 60 year old Fairbairn retired from the SOE and returned to civilian life. Although he was awarded one of the highest military decorations by the USA, the Legion of Merit, it is surprising that he never received a comparable honour at home – not even a civilian one. In 1951 he left Britain again to train the Cyprus Police in close combat techniques and riot control. In 1956, a similar service followed in Singapore which the 71 year old fulfilled with his typical energy and sense of duty. William Fairbairn died on June 20th 1960.[3]

In the years after the Second World War the need for fighting knives decreased rapidly and from military surplus thousands of F-S knives were offered on the civilian market. At least some of them seem to have found buyers, and for years the advertisements offering several variants of the famous dagger for sale were common in gun and hunting magazines.

Unfortunately, it wasn't long before new conflicts engulfed the world as the new superpowers of the USA and Soviet Union prepared for what became the Cold War. As this caused permanent tensions which often resulted in "hot" wars, the production of the 3rd pattern F-S knife was soon taken up again. New manufacturers started to produce the F-S design and similar constructions.

What had become apparent during World War II became even more obvious now: for military usage, the stiletto was not the ideal bladed instrument as a soldier rarely needs to kill an enemy soldier more or less noiselessly, instead of shooting him dead. Much more frequently, he needs a strong utility blade to build his bivouac and open tins or ammunition boxes. For this, the F-S knife was not much help due to its sleek, fragile construction. In particular, the blade's tip tended to break when the knife was used as a lever. Also, the narrow shoulder of the blade's tang where it meets the crossguard and enters the hilt proved to be a breaking point. Most soldiers prefer knives which can best be used as tools for their daily work in the field and provide sufficient fighting abilities when it comes to that. More and more new designs proved themselves on the frontlines of Korea, Vietnam and elsewhere. By this, the F-S design was pushed further and further away from military usage. The combat techniques of Fairbairn and Sykes nevertheless have retained their importance to the present day.

Postwar F-S knife corresponding to the wartime 3rd pattern, manufacturer unknown.

Pommel of the postwar F-S knife – no mold numbers any more.

Typical for 3rd pattern F-S knives of postwar manufacture: The casting burrs of the handle have not been removed. Also did the mold halves not perfectly fit to each other.

It is not uncommon for most armies around the world to maintain a firm grip on previously successful techniques or ideas. This is true for the Special Forces of the Indonesian Army, which introduced the F-S design in 1952 for their newly founded special force "Kesatuan Komando Tentara Teritorium" (KTT III). The knives were procured from British wartime surplus and consisted mostly of 3rd patterns. The elite unit took part in many regional conflicts at the end of the 1950s; in the 1960s followed the Irian Jaya-campaign, several combat missions against Malayan troops, and since 1975 the raging civil war in East-Timor. During the 50 years of its existence the troop was renamed several times, and since 1986 it is called "Komando Pasukan Khusus" (KOPASSUS). At present members of KOPASSUS are still seen carrying F-S knives during parades and other occasions of representative character. At some stage the Indonesians must have created their own variant of the F-S knife, as the standard Indonesian pattern today has the long sleek handle of the 1st and 2nd pattern, which shows three knurled bands instead of the single large knurled middle portion of the hilt. Nevertheless these are not officially issued any more but only privately purchased by the soldiers. They are not used in combat missions any more because KOPASSUS is a highly sophisticated force using only modern day equipment. The knives are nevertheless available at many shops all around the country, as many craftsmen in Indonesia have specialized in manufacturing F-S knives of the former KOPASSUS type for the tourist market. These bear inscriptions

F-S knife ascribed to the Indonesian special forces KOPASSUS.

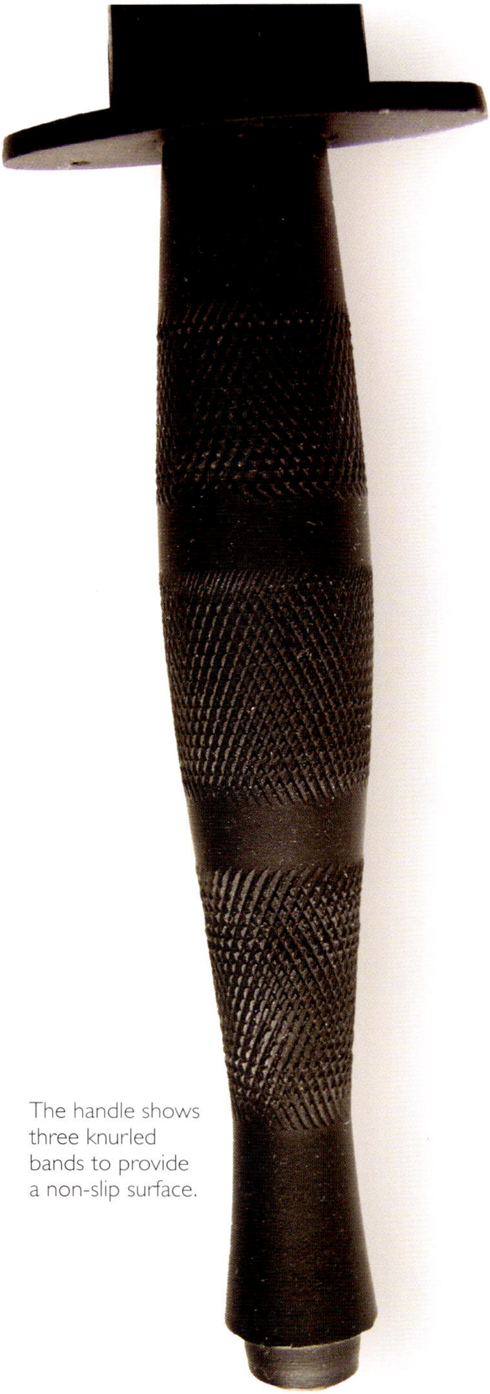

The handle shows three knurled bands to provide a non-slip surface.

KOPASSUS stamp on one side of the ricasso.

The trademark of the German manufacturer Carl Schlieper.

like the KOPASSUS insignia and, surprisingly, the trademark of the German traditional manufacturer Carl Schlieper, Solingen. An inquiry with a company spokesman revealed that Schlieper had manufactured a similar knife during the 1960s and 1970s for the civilian market in Germany. But they have never been involved in the production of any Indonesian variants. It seems as if the Indonesian manufacturers try to combine the iconic power of the F-S knife with the status of the origin "Solingen" to provide their product with a maximum of symbolic power. Thus, every serious collector should decide for himself whether these items can be considered collectibles.

The British army intended making use of the F-S design again in the late 20th century. In 1982, on the eve of the Falklands Conflict, the British Ministry of Defence had a rush order of 200 F-S knives manufactured by Wilkinson. They were destined to be delivered to the Commandos who were to take part in the recapture of this Overseas Territory of Great Britain. At the time, the traditional manufacturer of the original Fairbairn-Sykes Fighting Knife from World War II produced this kind of knife mainly for decorative and presentation purposes. Nevertheless, they manufactured the knives in only four days, although the blades only received a rough polish. Like their ancestors from World War II, they did not bear any acceptance stamps, however Wilkinson did etch their post-war trademark onto the blades.[4] Ironically, the fighting knives were not even issued to the troops moving out to the South Atlantic, and instead, they disappeared into some nondescript military storage facility. The British soldiers that are depicted in contemporary photos being equipped with F-S knives during the campaign must have purchased their knives privately. Interestingly, the British soldiers managed to capture at least one example of an Argentine F-S knife during the campaign, which had been used by the Argentine special forces.

In September 2005, the Wilkinson Sword Company finally ended their production of knives and bladed weapons and concentrated on razors and scissors. Thus, after 65 years, the very last Fairbairn-Sykes knife bearing the inscription of the traditional manufacturer was produced.[5]

Argentine F-S knife captured by British troops during the Falklands campaign.

Official issue: Sheath of the captured Argentine F-S knife, made of the green painted leather which is typical for Argentine military equipment.

15

How to Identify Fakes

An iconic knife like the F-S dagger that was first introduced some 70 years ago was already subject to counterfeit production during World War II. In most cases it is up to the collector to decide whether or not he considers a piece to be collectible or a fake. This is because an F-S knife that was manufactured for example by a local craftsman in the Philippines around 1944 could surely be considered a fake by quite a few collectors. But if it was privately purchased by an American GI, and used during the raging jungle war against the Japanese, it could be highly esteemed by other collectors who are interested in these items as artefacts representing living history from World War II. This is especially so if it comes with a well documented service history.

When it comes to knives belonging to the period after 1945, the decision about fakes becomes even more difficult. What exactly is a genuine F-S knife of the post-war period? To some collectors, only those of Wilkinson production are genuine items. Others demand for the knife to have been officially issued to the British army or secret service personnel. For some, it is sufficient if it had been issued to any army or secret service in the world whilst another group demand that the knife was used in whatever armed conflict. As mentioned above, these decisions are up to each individual collector.

Knife in the style of a 2nd pattern F-S knife manufactured by a local craftsman in the Philippines around 1944.

Sure a collectible – Knife inspired by the Commando dagger but with very little real resemblance of a Fairbairn-Sykes knife: Made and carried by the men of the Chiswick Homeguard, 1942.

2nd pattern "B2" marked F-S knife which was issued to a Belgian Commando during World War II.

Stamp marks on the 2nd pattern in Belgian Commando service.

An example of a country which has developed its own tradition concerning Fairbairn-Sykes knives is Belgium. During the German occupation of the country, the London based exile government had their own Commando and SAS troops founded. Weapons, uniforms, and equipment were supplied by the British, including an F-S knife for each member of these elite forces.

Soon the bladed weapon had become as iconic for them as it had for their British counterparts. After the war, the Belgian Commandos and SAS merged into the "Brigade Paracommando", which combined the skills of both elite forces.[1] Naturally, the highly esteemed F-S knife became part of their insignia and continued to be issued to each member. At first the remaining stores of British manufactured knives were used, but soon several Belgian manufacturers started to produce their own versions of the F-S dagger. This closely resembled its British wartime counterpart, the 3rd pattern model, but lacks the mold number on its pommel, hasn't had the casting burrs cleaned from the sides of the handle and features a more cylindrical pommel nut. It is easily distinguishable and identifiable.

The sheath of the Belgian Commando knife is different from the British original and the 1960s version is quite rare and desperately sought after by many collectors.

Belgian 3rd pattern F-S knife made for the Paracommandos after World War II.

Belgian Paracommando knife in its rare 1960s version sheath.

The sheath's frog makes it easily identified by its lanyard hole and the broad rubber retaining strap.

More difficult to distinguish are the several other F-S variants that have been manufactured in Belgium. Even a replica of the "Beaded & Ringed" knife had been produced by a Belgian manufacturer. The handle of their version features nine rings of beads and could well be a re-casting of a British wartime original. These knives are rarely offered for sale and many of them might have been used in one of the many fighting campaigns in which the Belgian Paracommandos were involved since 1945. Even rarer is a brass hilted F-S version made by a Belgian company situated in the city of Gembloux. It has a unique surface design on the handle. This consists of a set of very fine concentric rings and otherwise smoothly polished flat surfaces. The finely rounded pommel shows the tang end, which might either be threaded into the finished handle or the handle has been cast directly onto the tang and the layer of brass covering the tang end has been ground off when polishing the pommel.

Replica of the Beaded & Ringed F-S knife, issued to a Belgian Commando.

The handle of the Belgian Beaded & Ringed version.

Rare brass hilted F-S knife, manufactured during the 1960s in the Belgian city of Gembloux.

The handle of the Gembloux knife.

A large variety of F-S knives have been produced since the end of World War II as commemorative knives. These are different from a collector's point of view as they were made specifically for being collected and in most cases were not intended to be used. Thus, the manufacturing quality often corresponds to that of an item made for decoration, and not that of a lethal weapon. The knives made by companies like H.G. Long, Sheffield, came in such a great variety, that a complete listing of all variants seems impossible. Commemorative knives were created not only for the great battles of World War II and the military units involved, but also for most greater and smaller wars after 1945. Quite often, only collectors with a focus on those kinds of knives are interested in buying them.

Other commemorative knives started life as production knives that were altered later, perhaps by individual soldiers. These knives would either be unique examples or small production runs of several dozen at the most. These would have typically been made by engraving or etching them with the platoon's insignia or an important date commemorating an event in which the soldiers took part. Again, the range of possible variations is very large and the documented history of a particular knife will determine whether it can be considered a collectible or not.

Last but not least, the F-S knives that should be avoided by the serious collector as fakes are those that have clearly been tampered with in order to make them appear to be pieces that they are not. This is true, for example, for an F-S knife from a later production run, be it a Nowill or Rodgers one, which had been altered to make it look like pre-1945 issue. This is frequently done by replacing the crossguard with an unmarked one or one with a fake Broad Arrow acceptance stamp or a "B2" marking stamped onto it. In other cases genuine 2nd pattern handles are used in trying to fake 1st pattern knives of Wilkinson manufacture, sometimes even featuring the 3" (75 mm) wide crossguard of the rarest version to get maximum profit out of the fake.

It is the 1st and 2nd patterns that are faked the most. It is said that in India and Pakistan there are several craftsmen who have specialized in faking these rare items, including exact copies of the original stamp marks and traces of wear from military usage.

As a general rule, the rarer the item being offered is, the more important the documented history that comes with the knife. The number of genuine 1st patterns featuring the 3" wide crossguard is naturally restricted. Most of them are likely to be held by collectors, who would sooner give away their right hand than be separated from one of the most valuable pieces in their collection. Many collectors of the 1st pattern already assume that even of the few thousand examples with the 2" crossguard that were originally manufactured, quite a few should be considered as lost or destroyed in the field. The remaining number makes it too few for the thousands of F-S collectors in the world to trade them at reasonable prices.

As with all collectibles, every reasonable person should stop for a second before buying and ask himself: "What is it, that I am going to buy? Is it really what I want it to be? Is it exactly what the dealer tells me about it? Is this item really worth the money? And if it can be considered a real bargain, why is it offered so cheaply?" This is basic common sense but is exactly what helps to protect people from buying fakes.

Commemorative knife made by J. Nowill & Sons, Sheffield, England, remembering "THE ARMY COMMANDOS 1940–45".

Beaded & Ringed F-S variant which is engraved "WAR COMMANDO 1942–45" and "Carlo G. Segers" who is most likely the Commando who was awarded the knife or who awarded it to one of his comrades.

Conclusion

As has been shown, it was in what seemed to be Britain's darkest hour, when the Fairbairn-Sykes Fighting Knife was introduced. The newly founded British Commandos were carrying them when they embarked their landing craft, and run daring assaults on the German occupied coasts.

In the meantime the British Home Guard even forged their own versions of the new knife design, while enemy aircraft flew above their heads on their way to bomb targets in the British mainland.

It may have been the decision to fight the potential invaders to the knife, combined with the actual issue of a suitable bladed weapon, that provided a strong contribution to Britain's victory in the end.

Although it became apparent in these years that knives are still an essential part in the equipment of a soldier, it is obvious, of course, that modern day wars are not won by knives. There were many other factors as well that ended Hitler's tyranny over Europe and the world. But as an army needs a flag or ensign it can follow, a nation needs a strong symbol to make it achieve a higher goal. So maybe the contribution of the F-S knife to Britain's victory was merely a psychological one.

Nevertheless the knives, which provide for the insignia of these heroic men, today are highly priced collectibles, which are valued by collectors all around the world for their strong symbolic power, be it justifiable or not.

It is the knife's being an icon that makes collecting it quite difficult, as it not only makes it quite a pricy item, but also counts for thousands of fakes being produced and myriads of legends and myths being ever retold, which make it difficult to judge what has been the basic truth of all this.

But maybe even because of all these factors the F-S knife is a very worthwhile item to collect and persists as an insignia for the fight against tyranny and evil powers. Thus it may be most suitable, to conclude this book with the words of the man who once laid the ground for the knife's creation:

> "Let us therefore brace ourselves to our duties, and so bear ourselves that if the British Empire and its Commonwealth last for a thousand years, men will still say, 'This was their finest hour'." (Winston S. Churchill, June 18th, 1940).

Notes

Chapter 1: With One's Back to the Wall – Great Britain 1940

[1]cf. Hillgruber, Andreas: *Der 2. Weltkrieg* (Stuttgart: Kohlhammer, 1989), 27–44.

[2]cf. Hahlweg, Werner: *Typologie des modernen Kleinkrieges* (Wiesbaden: Steiner, 1967), 26.

[3]cf. Brendon, Piers: *Winston Churchill: A Brief Life* (London: Secker & Warburg, 1984), 28–32

[4]cf. Hahlweg, Werner: *Typologie des modernen Kleinkrieges* (Wiesbaden: Steiner, 1967), 25–26.

[5]cf. Foot, Michael R. D: *SOE. The Special Operations Executive* (London: Mandarin, 1984), 21.

[6]cf. Macksey, Kenneth: *Commando Strike* (London: Cooper, 1985), 8–12.

[7]cf. Stephens, Frederick J.: *Kampfmesser* (Stuttgart: Motorbuch Verlag, 1994), 130.

Chapter 2: Two Experts at the Right Time – Fairbairn and Sykes

[1]cf. Stephens, Frederick J.: *Kampfmesser* (Stuttgart: Motorbuch Verlag, 1994), 126–126.

[2]cf. ibid. 128.

[3]cf. Foot, Michael R. D: *SOE. The Special Operations Executive* (London: Mandarin, 1984), 80–83.

[4]cf. Cassidy, William L.: *A Brief History of the Fairbairn-Sykes Fighting Knife* (1977) http://fl-websites.com/time/fs/fshistory.htm (accessed June 08 2010).

Chapter 3: First Prototypes in Shanghai

[1]cf. Yeaton, Kelly; Yeaton, Samuel; Applegate, Rex: *The First Commando Knives* (Williamstown: Phillips Publications, 1996), 25–35.

Chapter 4: 1st Pattern Fairbairn-Sykes Fighting Knife

[1]cf. Cassidy, William L.: *A Brief History of the Fairbairn-Sykes Fighting Knife* (1977) http://fl-websites.com/time/fs/fshistory.htm (accessed June 08 2010).

[2]cf. National Archives HS 9/1618/7: *SOE-Personnel File Leslie John Cardew Wood.*

[3]cf. Wilkinson-Latham, Robert: *Wilkinsons and the F.S. Fighting Knife* (Shoreham: Pooley Sword, 2008), 19–26.

[4]cf. National Archives HS 2/224: Operation CLAYMORE – raid on Lofoten islands.

[5]cf. Cassidy, William L.: *A Brief History of the Fairbairn-Sykes Fighting Knife* (1977) http://fl-websites.com/time/fs/fshistory.htm (accessed June 08 2010).

[6]cf. Cassidy, William L.: *A Brief History of the Fairbairn-Sykes Fighting Knife* (1977) http://fl-websites.com/time/fs/fshistory.htm (accessed June 08 2010).

Chapter 5: William Ewart Fairbairn – a "Man of Publicity"

[1]cf. Robins, Peter; Tyler, Nicholas: *Gentleman & Warrior. The Legend of W. E. Fairbairn* (Harlow: CQB Publications, 2004), 9.

[2]cf. ibid. 11–16.

[3]cf. ibid. 19–20.

[4]cf. ibid. 87–90.

[5]cf. ibid. 96.

[6]cf. Fairbairn, William E.: *Manual of Self-Defence* (Shanghai: China Publishing & Printing, 1915), 3–6)

[7]cf. ibid. 5–6.

[8]cf. Yeaton, Kelly; Yeaton, Samuel; Applegate, Rex: *The First Commando Knives* (Williamstown: Phillips Publications, 1996), 44.

[9]cf. Robins, Peter; Tyler, Nicholas: *Gentleman & Warrior. The Legend of W. E. Fairbairn* (Harlow: CQB Publications, 2004), 129–131.

[10]cf. Binney, Marcus: *Secret War Heroes* (London: Hodder & Stoughton, 2005), 14–15.

[11]cf. Robins, Peter; Tyler, Nicholas: *Gentleman & Warrior. The Legend of W. E. Fairbairn* (Harlow: CQB Publications, 2004), 180–182.

[12]cf. Binney, Marcus: *Secret War Heroes* (London: Hodder & Stoughton, 2005), 10.

Chapter 6: Eric Anthony Sykes – the "Man in the Background"

[1]cf. Binney, Marcus: *Secret War Heroes* (London: Hodder & Stoughton, 2005), 8.

[2]cf. Mathews, Philip: *Eric Anthony Sykes 1888–1945. The Forgotten Hero of Combatives* (2005) http://www.cqbservices.com/?page_id=13 (accessed 08.06.2010).

[3]cf. Binney, Marcus: *Secret War Heroes* (London: Hodder & Stoughton, 2005), 9–10.

[4]cf. Fairbairn, William E.; Sykes, Eric A.: *Shooting to Live* (Boulder: Paladin Press, 2008).

[5]cf. National Archives HS 9/1434/1: *SOE-Personnel File Eric Anthony Sykes.*

[6]cf. Binney, Marcus: *Secret War Heroes* (London: Hodder & Stoughton, 2005), 19–25.

Chapter 7: The 2nd Pattern Fairbairn-Sykes Fighting Knife

[1]cf. Wilkinson-Latham, Robert: *Wilkinsons and the F.S. Fighting Knife* (Shoreham: Pooley Sword, 2008), 51.

[2]cf. Buerlein, Robert A.: *Allied Military Fighting Knives* (Boulder: Paladin Press, 2001), 19–21.

[3]cf. Wilkinson-Latham, Robert: *Wilkinsons and the F.S. Fighting Knife* (Shoreham: Pooley Sword, 2008), 57.

[4]cf. Stephens, Frederick J.: *Kampfmesser* (Stuttgart: Motorbuch Verlag, 1994), 130.

[5]cf. Wilkinson-Latham, Robert: *Wilkinsons and the F.S. Fighting Knife* (Shoreham: Pooley Sword, 2008), 73.

[6]cf. Windrum, William A.: *Rare F-S Fighting Knife Variants*. In: *Military Knives. A Reference Book*, ed. Trzaska, Frank; Silvey, Mike; Windrum, William A. et al. (Knoxville: Knife World Publications, 2001), 103–107.

[7]cf. Wilkinson-Latham, Robert: *Wilkinsons and the F.S. Fighting Knife* (Shoreham: Pooley Sword, 2008), 72–73.

[8]cf. Stephens, Frederick J.: *Kampfmesser* (Stuttgart: Motorbuch Verlag, 1994), 145.

Chapter 8: The 3rd Pattern Fairbairn-Sykes Fighting Knife

[1]cf. Cassidy, William L.: *A Brief History of the Fairbairn-Sykes Fighting Knife* (1977) http://fl-websites.com/time/fs/fshistory.htm (accessed June 08 2010).

[2]cf. Buerlein, Robert A.: *Allied Military Fighting Knives* (Boulder: Paladin Press, 2001), 26.

[3]cf. Stephens, Frederick J.: *Kampfmesser* (Stuttgart: Motorbuch Verlag, 1994), 131.

[4]cf. Cassidy, William L.: *A Brief History of the Fairbairn-Sykes Fighting Knife* (1977) http://fl-websites.com/time/fs/fshistory.htm (accessed June 08 2010).

[5]cf. Wilkinson-Latham, Robert: *Wilkinsons and the F.S. Fighting Knife* (Shoreham: Pooley Sword, 2008), 76.

[6]cf. Stephens, Frederick J.: *Kampfmesser* (Stuttgart: Motorbuch Verlag, 1994), 134–136.

[7]cf. Wilkinson-Latham, Robert: *Wilkinsons and the F.S. Fighting Knife* (Shoreham: Pooley Sword, 2008), 77.

[8]cf. Buerlein, Robert A.: *Allied Military Fighting Knives* (Boulder: Paladin Press, 2001), 22–29.

[9]cf. Cassidy, William L.: *A Brief History of the Fairbairn-Sykes Fighting Knife* (1977) http://fl-websites.com/time/fs/fshistory.htm (accessed June 08 2010).

Chapter 9: Handle Variations

[1]cf. Wilkinson-Latham, Robert: *Wilkinsons and the F.S. Fighting Knife* (Shoreham: Pooley Sword, 2008), 72–73.

[2]cf. Flook, Ron: *British and Commonwealth Military Knives* (London: Howell Press,1999), 64–65.

[3]cf. Stephens, Frederick J.: *Kampfmesser* (Stuttgart: Motorbuch Verlag, 1994), 142.

[4]cf. Buerlein, Robert A.: *Allied Military Fighting Knives* (Boulder: Paladin Press, 2001), 30.

[5]cf. Flook, Ron: *British and Commonwealth Military Knives* (London: Howell Press,1999), 65.

[6]cf. ibid. 72.

[7]cf. Stephens, Frederick J.: *Kampfmesser* (Stuttgart: Motorbuch Verlag, 1994), 147.

[8]cf. Flook, Ron: *British and Commonwealth Military Knives* (London: Howell Press,1999), 66.

[9]cf. Buerlein, Robert A.: *Allied Military Fighting Knives* (Boulder: Paladin Press, 2001), 39.

[10]cf. Stephens, Frederick J.: *Kampfmesser* (Stuttgart: Motorbuch Verlag, 1994), 142.

[11]cf. Flook, Ron: *British and Commonwealth Military Knives* (London: Howell Press,1999), 72.

[12]cf. Windrum, William A.: *F-S Knives with Wooden Grips*. In: Military Knives. A Reference Book, ed. Trzaska, Frank; Silvey, Mike; Windrum, William A. et al. (Knoxville: Knife World Publications, 2001), 95–97.

Chapter 10: Sheaths

[1]cf. Wilkinson-Latham, Robert: *Wilkinsons and the F.S. Fighting Knife* (Shoreham: Pooley Sword, 2008), 25–31.

[2]cf. Locken, Alan: *Collectors Guide to the Fairbairn-Sykes Fighting Knife* (Winnipeg: Bunker to Bunker Books, 1995), 26–28.

[3]cf. ibid. 41–43.

[4]cf. Wilkinson-Latham, Robert: *Wilkinsons and the F.S. Fighting Knife* (Shoreham: Pooley Sword, 2008), 50.

[5]cf. Locken, Alan: *Collectors Guide to the Fairbairn-Sykes Fighting Knife* (Winnipeg: Bunker to Bunker Books, 1995), 45.

Chapter 11: Markings

[1]cf. Locken, Alan: *Collectors Guide to the Fairbairn-Sykes Fighting Knife* (Winnipeg: Bunker to Bunker Books, 1995), 35.

[2]cf. Stephens, Frederick J.: *Kampfmesser* (Stuttgart: Motorbuch Verlag, 1994), 136.

[3]cf. Wilkinson-Latham, Robert: *Wilkinsons and the F.S. Fighting Knife* (Shoreham: Pooley Sword, 2008), 56.

[4]cf. National Archives DEFE 2/1370: *Illustrated List of Special Equipment Produced by Chief of Combined Operations for Amphibious Operations.*

[5]cf. Flook, Ron: *British and Commonwealth Military Knives* (London: Howell Press,1999), 57–58.

[6]cf. Locken, Alan: *Collectors Guide to the Fairbairn-Sykes Fighting Knife* (Winnipeg: Bunker to Bunker Books, 1995), 76.

[7]cf. Flook, Ron: *British and Commonwealth Military Knives* (London: Howell Press,1999), 53.

[8]cf. Locken, Alan: *Collectors Guide to the Fairbairn-Sykes Fighting Knife* (Winnipeg: Bunker to Bunker Books, 1995), 75.

[9]cf. Stephens, Frederick J.: *Kampfmesser* (Stuttgart: Motorbuch Verlag, 1994), 132.

[10]cf. Locken, Alan: *Collectors Guide to the Fairbairn-Sykes Fighting Knife* (Winnipeg: Bunker to Bunker Books, 1995), 75–76.

Chapter 12: False Start in the USA

[1]cf. Ladd, James D.; Melton, Keith; Mason, Peter: *Clandestine Warfare*. (London: Blandford Press, 1988), 59–60.

[2]cf. Rigden, Denis: *SOE Syllabus* (Richmond: PRO Publications, 2004), 11–13.

[3]cf. National Archives HS 9/495/7: *SOE-Personnel File William Ewart Fairbairn.*

[4]cf. Buerlein, Robert A.: *Allied Military Fighting Knives* (Boulder: Paladin Press, 2001), 122–125.

[5]cf. Stephens, Frederick J.: *Kampfmesser* (Stuttgart: Motorbuch Verlag, 1994), 83–84, 100.

[6]cf. Cassidy, William L.: *A Brief History of the Fairbairn-Sykes Fighting Knife* (1977) http://fl-websites.com/time/fs/fshistory.htm (accessed June 08 2010).

[7]cf. Buerlein, Robert A.: *Allied Military Fighting Knives* (Boulder: Paladin Press, 2001), 67–87.

[8]cf. Buerlein, Robert A.: *Allied Military Fighting Knives* (Boulder: Paladin Press, 2001), 93–113.

[9]cf. National Archives HS 9/495/7: *SOE-Personnel File William Ewart Fairbairn.*

[10]cf. Fairbairn, William E.: *Get Tough* (London: Appleton-Century, 1943), 106–108.

[11]cf. ibid. 106.

[12]cf. Stephens, Frederick J.: *Kampfmesser* (Stuttgart: Motorbuch Verlag, 1994), 43, 175.

[13]cf. Buerlein, Robert A.: *Allied Military Fighting Knives* (Boulder: Paladin Press, 2001), 130; Ladd, James D.; Melton, Keith; Mason, Peter: *Clandestine Warfare.* (London: Blandford Press, 1988), 118.

[14]cf. Windrum, William A.: *Clandestine Edged Weapons* (Williamstown: Phillips Publications, 2001), 56–58.

Chapter 13: Users' Alterations

[1]cf. National Archives HS 9/906/3: *SOE-Personnel File Edward Lees.*

[2]cf. Martin-Smith, Patrick: *Widerstand vom Himmel* (Wien: Czernin Verlag, 2004), 231–249.

[3]cf. Lampe, David: *The Last Ditch: Britain's Secret Resistance and the Nazi Invasion Plan* (London: Greenhill Books, 2007), 43–56.

Chapter 14: Postwar Production – From Symbol to Legend

[1]cf. Binney, Marcus: *Secret War Heroes* (London: Hodder & Stoughton, 2005), 25–26.

[2]cf. National Archives HS 9/1434/1: *SOE-Personnel File Eric Anthony Sykes.*

[3]cf. Wilkinson-Latham, Robert: *Wilkinsons and the F.S. Fighting Knife* (Shoreham: Pooley Sword, 2008), 126.

[4]cf. ibid. 94.

[5]cf. ibid. 94.

Chapter 15: How to Identify Fakes

[1]cf. Genot, Emile: *Histoire des Unités Para-Commandos depuis leurs origins jusqu'à ce jour* (Imprimerie de la Défense, Belgium, 2007), 22–25.

Bibliography

Allan, Stuart: *Commando Country*. Edinburgh: National Museums of Scotland, 2007.

Bickers, Robert: *Empire Made Me*. London: Penguin, 2004.
Binney, Marcus: *Secret War Heroes*. London: Hodder & Stoughton, 2005.
Boyce, Fredric; Everett, Douglas: *SOE. The Scientific Secrets*. Stroud: Sutton, 2003.
Brendon, Piers: *Winston Churchill: A Brief Life*. London: Secker & Warburg 1984.
Buerlein, Robert A.: *The Fairbairn-Sykes: Britain's Famed World War II Commando Knife*. In: Man at Arms, Vol. 1, No. 6, Nov/Dec 1979, p. 45–53.
Buerlein, Robert A.: *Allied Military Fighting Knives*. Boulder: Paladin Press, 2001.
Buerlein, Robert A.; Hughes, Gordon; Jenkins, Barry: *Knives of War*. Boulder: Paladin Press, 2006.

Cassidy, William L.: *The Art of Silent Killing*. In: Soldier of Fortune 8/1979, p. 61-65.
Cassidy, William L.: *A Brief History of the Fairbairn-Sykes Fighting Knife*. 1977, http://fl-websites.com/time/fs/fshistory.htm (accessed June 08 2010).
Chant-Sempill, Stuart: *St. Nazaire Commando*. London: John Murray, 1985.
Cookridge, E. H.: *Inside SOE*. London: Arthur Barker, 1966.

Dwyer, John B.: *Commandos from the Sea*. Boulder: Paladin Press, 1998.

Fairbairn, William E.: *Defendu. Scientific Self-Defence*. Boulder: Paladin Press, 2007 [1926].
Fairbairn, William E.: *Get Tough*. London: Appleton-Century, 1943 [1942].
Fairbairn, William E.: *Hands Off! Self-Defence for Women*. Boulder: Paladin Press, 2007 [1942].
Fairbairn, William E.: *Manual of Self-Defence*. Shanghai: China Publishing & Printing, 1915.
Fairbairn, William E.; Sykes, Eric A.: *Shooting to Live*. Boulder: Paladin Press, 2008 [1942].
Flook, Ron: *British and Commonwealth Military Knives*. London: Howell Press,1999.
Foot, Michael R. D: *SOE. The Special Operations Executive*. London: Mandarin, 1984.

Genot, Emile: *Histoire des Unités Para-Commandos depuis leurs origins jusqu'à ce jour.* Imprimerie de la Défense, Belgium, 2007.

Hahlweg, Werner: *Guerilla: Krieg ohne Fronten.* Stuttgart: Kohlhammer 1968.
Hahlweg, Werner: *Typologie des modernen Kleinkrieges.* Wiesbaden: Steiner 1967.
Hillgruber, Andreas: *Der 2. Weltkrieg.* Stuttgart: Kohlhammer, 1989.
Howarth, Patrick: *Undercover.* London: Routledge, 1980.

Ladd, James D.; Melton, Keith; Mason, Peter: *Clandestine Warfare.* London: Blandford Press, 1988.
Lampe, David: *The Last Ditch: Britain's Secret Resistance and the Nazi Invasion Plan.* London: Greenhill Books, 2007.
Lecoeur, Gérard; Rouquier, Roger: *Couteaux de nos Soldats.* Paris: Crepin-Leblond, 2001.
Locken, Alan: *Collectors Guide to the Fairbairn-Sykes Fighting Knife.* Winnipeg: Bunker to Bunker Books, 1995.

MacKenzie, S. P.: *The Home Guard: A Military and Political History.* London: Oxford University Press, 1995.
Macksey, Kenneth: *Commando Strike.* London: Cooper, 1985.
Martin-Smith, Patrick: *Widerstand vom Himmel.* Wien: Czernin Verlag, 2004.
Mathews, Philip: *Eric Anthony Sykes 1888–1945. The Forgotten Hero of Combatives* (2005) http://www.cqbservices.com/?page_id=13 (accessed 08.06.2010).

National Archives HS 9/495/7: *SOE-Personnel File William Ewart Fairbairn.*
National Archives HS 9/1434/1: *SOE-Personnel File Eric Anthony Sykes.*
National Archives HS 9/906/3: *SOE-Personnel File Edward Lees.*
National Archives HS 9/1618/7: *SOE-Personnel File Leslie John Cardew Wood.*
National Archives DEFE 2/1370: *Illustrated List of Special Equipment Produced by Chief of Combined Operations for Amphibious Operations.*
National Archives HS 7/28: *Descriptive Catalogue of Special Devices and Supplies.*
National Archives WO 216/39: *Independent Companies and Commandos: Equipment Deficiencies.*
National Archives WO 33/1668: *Commando Training Instruction 1.*
National Archives HS 2/224: Operation CLAYMORE – raid on Lofoten islands.

Rigden, Denis: *SOE Syllabus.* Richmond: PRO Publications, 2004.
Robins, Peter; Tyler, Nicholas: *Gentleman & Warrior. The Legend of W. E. Fairbairn.* Harlow: CQB Publications, 2004.

Stafford, David: *Britain and European Resistance, 1940–1945.* London: Macmillan 1980.
Stephens, Frederick J: *Kampfmesser.* Stuttgart: Motorbuch Verlag, 1994.

Thompson, Leroy: *Commando Dagger.* Boulder: Paladin Press, 1985.

Wakeman, Frederic: *Policing Shanghai 1927–1937*. Berkeley: University of California Press, 1995.

Warwicker, John: *With Britain in Mortal Danger: Britain's Most Secret Army of WW II*. Bristol: Cerberus Publishing Ltd., 2002.

Wickersham, Sheldon: *Applegate/Fairbairn, an 'All-American Fighting Knife'*. In: Knife World 31/9, 2005, p. 12-17.

Wilkinson-Latham, Robert: *Wilkinsons and the F.S. Fighting Knife*. Shoreham: Pooley Sword, 2008.

Windrum, William A.: *Clandestine Edged Weapons*. Williamstown: Phillips Publications, 2001.

Windrum, William A.: *The Earliest Commando Knives*. Williamstown: Phillips Publications, 2000.

Windrum, William A.: *Rare F-S Fighting Knife Variants*. In: *Military Knives. A Reference Book*, edited by Trzaska, Frank; Silvey, Mike; Windrum, William A. et al. 103–107. Knoxville: Knife World Publications, 2001.

Windrum, William A.: *F-S Knives with Wooden Grips*. In: *Military Knives. A Reference Book*, edited by Trzaska, Frank; Silvey, Mike; Windrum, William A. et al. 95–97. Knoxville: Knife World Publications, 2001.

Yeaton, Kelly; Yeaton, Samuel; Applegate, Rex: *The First Commando Knives*. Williamstown: Phillips Publications, 1996.

No author: *Falklands Special 'Commando' Fighting Knife*. In: Guns, Weapons & Militaria, Vol. 2, No. 2, Jan/Feb 1983, p. 37.

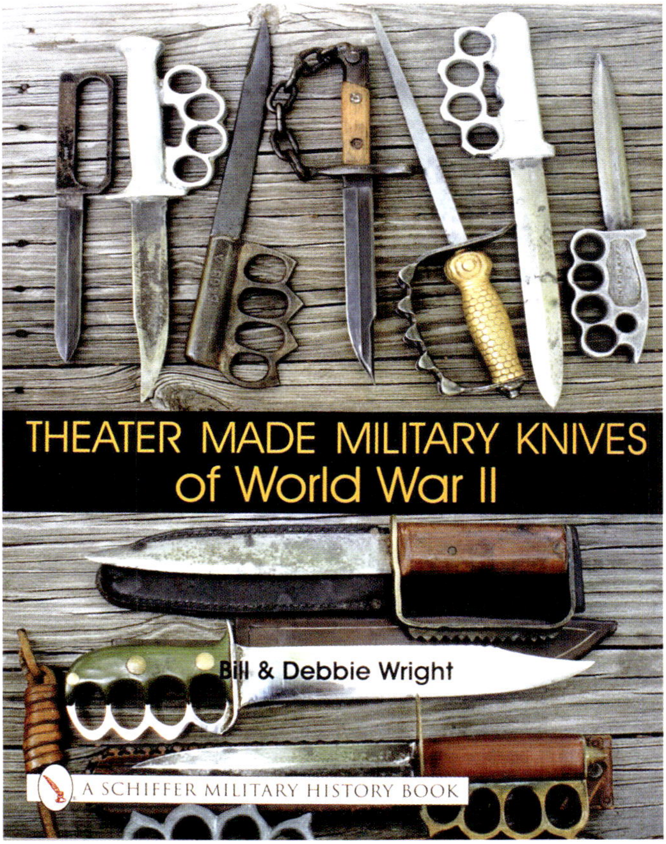

Theater Made Military Knives of World War II

Bill & Debbie Wright

The collecting of military theater made knives of World War II is one of the fastest growing fields of collecting in America today. These knives are very historical. They were individually handmade by people who wanted to contribute to the war effort, as well as the service men who used them. Most of these knives differ in style and have very colorful handles. This is the only book available that donates its entire contents to the collecting of theater made knives and their values.

8 1/2" x 11"	over 420 color photographs	pp. 256
ISBN: 0764313908	Hard Cover	$59.95